大学生 创新创业 与就业路径研究

努尔麦麦提·吐尔孙 阿提姑丽·吐尔孙 著

DAXUESHENG
CHUANGXIN CHUANGYE
YU JIUYE LUJING YANJIU

 辽宁大学出版社 | 沈阳
Liaoning University Press

图书在版编目（CIP）数据

大学生创新创业与就业路径研究/努尔麦麦提·吐
尔孙，阿提姑丽·吐尔孙著. --沈阳：辽宁大学出版社，
2024.12. --ISBN 978-7-5698-1804-8

Ⅰ. G647.38

中国国家版本馆 CIP 数据核字第 2024BP5312 号

大学生创新创业与就业路径研究

DAXUESHENG CHUANGXIN CHUANGYE YU JIUYE LUJING YANJIU

出　版　者：辽宁大学出版社有限责任公司

　　　　　　　（地址：沈阳市皇姑区崇山中路 66 号　　邮政编码：110036）

印　刷　者：鞍山新民进电脑印刷有限公司

发　行　者：辽宁大学出版社有限责任公司

幅面尺寸：170mm×240mm

印　　　张：10.25

字　　　数：160 千字

出版时间：2024 年 12 月第 1 版

印刷时间：2024 年 12 月第 1 次印刷

责任编辑：于盈盈

封面设计：韩　实

责任校对：郭宇涵

书　　　号：ISBN 978-7-5698-1804-8

定　　　价：58.00 元

联系电话：024-86864613

邮购热线：024-86830665

网　　　址：http://press.lnu.edu.cn

前　　言

　　随着时代的飞速发展，社会对人才的需求日益多元化和复杂化。大学生不再仅仅局限于传统的就业模式，他们怀揣着梦想与激情，积极探索创新创业的道路，试图在新的领域开疆拓土，创造属于自己的价值。对于选择就业的大学生来说，如何在竞争激烈的职场中脱颖而出，找到适合自己的发展路径，同样充满挑战。

　　本研究旨在深入剖析新时代大学生创新创业与就业的现状、机遇与困境。通过对大量实际案例的研究和对相关理论的探讨，试图揭示其背后的规律和趋势，为大学生提供具有针对性和可操作性的指导。我们希望本书能够成为大学生们在创新创业与就业征程中的一盏明灯，照亮他们前行的道路；也能够为教育工作者、政策制定者以及关注大学生发展的社会各界人士提供有益的参考和启示。

　　在这个充满无限可能的时代，让我们共同关注和助力大学生的创新创业与就业，为他们搭建更广阔的舞台，使他们能够在新时代的浪潮中放飞梦想、扬帆起航，为实现个人价值和社会进步贡献自己的力量。

　　相信通过对本研究的深入探讨，我们将对新时代大学生的创新创业与就业路径有更清晰的认识和理解，为培养具有创新精神和实践能力的优秀人才提供坚实的理论基础和实践指导。

作　者

2024 年 6 月

目　　录

第一章　大学生职业适应与发展研究 …………………… 1

　第一节　大学生步入社会面临的主要问题 …………………… 1

　第二节　大学生适应社会职场的方法与技巧 ……………… 4

　第三节　正确看待另谋高就的现象 ……………………… 17

第二章　大学生创业问题探究 ………………………… 24

　第一节　大学生自主创业概述 ……………………… 24

　第二节　大学生自主创业的前期准备 ……………… 33

　第三节　大学生自主创业政策与法规 ……………… 48

第三章　大学生职业教育问题研究 ………………… 54

　第一节　大学生职业规划教育的现状 ……………… 54

　第二节　发达国家和地区大学生职业规划教育的

　　　　　经验借鉴 ……………………………… 63

　第三节　完善高校大学生职业生涯规划教育的对策 ……… 71

第四章　大学生创新创业教育问题研究 ································ 81

　第一节　研究的背景和意义 ································ 81

　第二节　大学生创新创业教育的概述 ···················· 87

　第三节　大学生创新创业教育的现状 ···················· 98

　第四节　大学生创新创业教育存在问题的原因分析 ········ 115

　第五节　加强大学生创新创业教育的对策 ················ 120

第五章　大学生职业生涯规划理论问题研究 ·············· 130

　第一节　从当前严峻的就业形势看大学生职业规划的
　　　　　意义和重要性 ································ 130

　第二节　大学生的个性对大学生职业生涯发展的影响 ····· 135

　第三节　我国大学生职业生涯规划存在的问题 ··········· 139

　第四节　我国大学生职业生涯规划问题的成因分析 ········ 144

　第五节　我国大学生职业生涯规划的改进措施 ··········· 147

第一章　大学生职业适应与发展研究

职业适应性是指一个人从事某项工作时必须具备的生理、心理素质特征。职业适应性是在先天因素和后天环境相互作用的基础上形成和发展起来的，它包括很多内容，但由于场合不同，可能会有不同的强调要点，如工作效率、无事故倾向、最低能力和特性要求、熟悉工作速度、意愿适应、个人背景。职业适应为制定合理有效的职业培训计划提供科学依据，指导人们选择适合自己特性和条件的职业、职务。通过对求职者的生理、心理属性进行综合测试、评价，对照不同职业或工种的要求，分析被试者适合于何种职业，以利于个人能力的充分发展。

第一节　大学生步入社会面临的主要问题

近些年来，由于大学生就业压力越来越大，用人单位对新员工的要求不断提高，刚毕业不久的大学生患上职业恐惧症的人数越来越多。根据对在校大学生的调查和对毕业生的观察，较为普遍的表现是对未来工作感到迷茫、对工作缺乏热情、缺乏对职业的深刻认识、不能顺利进行工作初期的角色转换与职业适应。这样的状况如果得不到根本性的改变，将会导致未来职业生涯的严重挫折。

一、心理上的不适应

（一）自卑心理

有的同学因所学专业不景气，或因自己专业知识、专业技能及综合素质不如其他同学，或因求职屡次受挫，产生强烈的自卑感，进而转化为自卑心理。有这种心理的大学生往往把失败归因于自己，缺乏竞争勇气、缺乏自信心，在单位也无所适从，不能适当地向用人单位展示自身的长处。同时，一旦工作中受到挫折，更缺乏心理上的承受能力，总觉得自己确实不行。在激烈的择业和工作中，这种心理障碍是走向成功的大敌。

（二）自傲心理

一些大学生自以为接受了高等教育，学到了不少知识，已经是人才了，因而轻实践、放不下架子、看不起基层工作和基层工作人员，甚至认为大学毕业从事底层工作、干些不起眼的事是大材小用，有失身份。在这种心理下，很多大学生在现实中眼高手低，大事做不了，小事不愿做。

（三）焦虑心理

焦虑心理也是普遍存在的，如大学生会担心能否找到理想的工作单位，或者万一没有单位选中自己怎么办；有些边远地区的同学为不想回本地区而焦虑；恋人们为不能继续在一起而发愁；女同学为用人单位"只要男生"而气愤；有一些大学生优柔寡断，为不知自己毕业后向何处去而忧心忡忡。大学生的上述焦虑状态并不会对生活构成障碍，但如果焦虑不能得到及时缓解，就有可能向病态发展，会出现情绪紧张、身心疲倦、失眠等症状。此时，焦虑不但会干扰大学生正常的生活、学习和娱乐，还会成为择业的绊脚石。

（四）依恋和逃避心理

依恋和逃避心理在求职择业中具体表现为两种心理：一种是依赖大多数的从众心理，自己缺乏独立的见解，不是从自己的职业规划与发展出发进行选择，而是人云亦云，别人怎么看，自己也跟着凑热闹；另一种是依赖心理，不主动参与竞争，期盼学校给自己提供信息，坐等父母给自己四处张罗。这种心态也是与激烈竞争的社会现实格格不入的。还有些毕业生在工作中感觉社会不符合自己的理想模型、价值观念，有事没事往母校跑，和同学、老乡交往频繁，从中寻找生活寄托和感情安慰。

（五）急功近利心理

一些大学毕业生在择业时过分看重地位，过分看重实惠，一心只想进大城市、大机关，去沿海发达地区，到挣钱多、待遇好的单位，甚至为了暂时的功利抛弃自己的兴趣和专业。这种心理可能会带来一些眼前的、暂时的利益，但从长远发展看并非明智的选择。

（六）攀比心理

一些大学毕业生不比奉献，只比个人收入，不看自己为公司创造了多少效益，而是以自我为中心，讲待遇、讲报酬，甚至为了星星点点的个人利益出卖公司商业机密。可想而知，其结果必然是欲速则不达，反而影响了公司的形象和自己的职业发展前景。

（七）急躁心理

一些同学渴望步入工作岗位后能够大显身手，但理想与现实之间的确存在差距。这种差距表现在学校所掌握的知识短期内较难融会贯通于实践中。所有的工作程序、工作流程、做事的技巧都需要用心体会并掌握。一般来说，从一名学生锻炼成为一个熟悉业务运作、能独立承担任务的企业人需要一个磨合过程，有时这个过程会需要相当长的时间。企业会给新人个性张扬的空间，也会提供一个展翅高飞的平台，但这也是有条件的，不能打乱企业正常的工作程序、不能不考虑企业的实际情况。

二、工作上的不适应

（一）缺乏实践动手能力

绝大部分应届毕业生初涉社会，有热情、有发展潜力，但他们对社会认知较少、缺少工作经验，特别是缺乏实践动手能力。因此，他们到公司后不能很快进入工作状态，短时间内难以创造效益。然而，从一名生手到可以独当一面要有个过程，需要付出一定的时间和精力。

（二）吃苦耐劳意识差

用人单位普遍反映，一些刚进入职场的毕业生生活自理能力不强，特别是吃苦耐劳意识较差，具体表现为不愿意加班、工作中遇到困难和问题爱拖延、工作中不钻研，极个别毕业生只讲条件不讲奉献，影响了公司对其评价和选择。

（三）难以适应企业相对严格的规章制度

对各项规章制度的了解是大学毕业生进入新单位后非常重要的一个步骤，对单位的各项规章制度了解得清楚与否，将直接影响今后的工作。而一些刚刚进入新单位的大学生并没有用心研读"公司章程""工作纪律""服务规则""奖励办法"等一系列规章制度，不清楚什么是应该做的，什么是不应该做的，什么是必须遵守的。这些不但给企业留下责任心差的印象，也影响了自己的职业发展。

三、人际关系上的困扰

（一）不知道怎样处理好与领导和同事的关系

大学毕业生的特点是比较单纯，进入新环境后与同事和领导朝夕相处，在关系处理上，有些人还以学生的方式行事，或口无遮拦，或以坦率真诚的态度率性而为，结果常常得不到理解和支持。这是因为职场人有他们的思维方式，你认为应该的东西，在他们眼里可能是不应该的，于是就会产生误解。

（二）有的毕业生自恃才高，不屑与别人交往

有一些大学毕业生过于相信自己的能力，而忽视与他人的配合，结果一方面会事倍功半，另一方面会引来他人的"另眼看待"。

第二节　大学生适应社会职场的方法与技巧

毕业生进入社会后，就开始了人生的职业生涯，对于每一个毕业生来说，这都是其人生历程的重大转折。面对新的环境和生活，必须尽快实现角色转换和角色适应，这也是一个艰巨的人生任务。

一、尽快适应职业需要，完成角色转变

人在社会上的角色是不断变化的，在人生的不同阶段都有不同社会角色的转变。大学毕业生走向社会，面临着由学生角色向职业

角色的转变，意味着要承担新的社会角色，这是一种典型的社会角色转换。在这关键时刻，大学毕业生应以积极正确的态度认识新角色、适应新角色。

（一）社会角色及其特点

所谓社会角色，顾名思义，就是一个人在社会中扮演的角色，简单地说就是一个人的身份，具体而言是指人们所处的特定社会地位和身份所决定的一整套规范与行为模式，是人们对具有特定地位的人的行为的一种期望，是社会群体的基础。大学毕业生在就业前，社会角色是学生，就业后，社会角色就是职业人，这是两种不同的社会角色。社会角色的本质是社会赋予人的社会权利与社会义务的统一体，它反映了每个人在社会中的地位和在人际关系中的位置，是个人身份的体现。社会角色有以下三个特点。

一是社会角色具有多重性，即每个人在同一时间都可能身兼数职、扮演多重社会角色。这些角色是由个体的人在不同时间、场合、环境占据着不同的社会位置，履行着不同的社会义务，遵循着不同的社会规范而确定的。例如，对于一名医生而言，在患者面前是医生，在孩子面前是父亲，在妻子面前是丈夫，一个人同时具有医生、父亲、丈夫等多重社会角色。也就是说，社会角色对于每一个人都是相对的、多重的。

二是社会角色有主次之分，即有主要角色和次要角色之分。例如，对于教师而言，教师角色是其主要的社会角色，而在售货员面前的顾客角色就是次要角色，主要角色往往是一个人主要的社会权利与义务的体现，社会对一个人的评价往往以其是否满足主要社会角色的要求为依据。这很容易理解，一个师德高尚的教师，即使他的一些次要角色表现得不太理想，也不会影响社会、学生、家人给予他的评价与赞美。

三是社会角色的转换是个不断变化的过程。每个人在其一生中所承担的主要社会角色往往是发生变化的，常常会从一个角色进入另一个角色，这也就是所谓的角色转换。大学生完成学业，辞别校园，步入工作岗位，这一过程实际上就是一个人的主要社会角色由学生角色向职业角色转换的过程。

（二）学生角色和职业角色的区别

学生角色与职业角色的根本不同主要体现在以下几个方面。

（1）社会责任不同。学生角色的主要社会责任是学好科学文化知识，掌握为人民服务的本领。整个角色过程是一个受教育、储备知识、锻炼能力的过程。职业角色的责任是以特定的身份去履行自己的职责，依靠自己的本领或技能去为社会和他人服务，完成某项工作，它是通过对工作对象的履行情况来体现的。

（2）社会权利不同。社会赋予角色的权利是指角色依法应享受的权益；学生角色的权利主要是接受教育及要求得到教育的权利。具体表现在，一名学生有要求父母支持其到学校接受教育的权利，在家庭经济状况不好时，还有请求资助的权利。而职业角色的权利则是依法行使职权及获取劳动报酬、休假的权利，国家机关的工作人员有依法行使相应职权的权利等。

（3）社会规范不同。社会赋予角色的规范是指社会角色提供的行为模式。学生规范多是从培养、教育的角度出发，引导学生德、智、体全面发展，健康顺利地成长为合格人才的行为模式；社会赋予职业角色的规范、提供的行为模式，则因职业的不同而不同。这些模式既具体又严格，违背了就要承担一定的法律责任。例如，国家工作人员玩忽职守、收受贿赂就要受到法律的处罚。

（4）活动方式不同。学生角色是在接受外界的给予，即接受和输入，主要是要求理解；职业人员角色则是运用自己的知识和能力向外界提供自己的劳动，即运用和输出，要求结合实际创造性地发挥自己的才智。

有些刚刚参加工作的毕业生个人目标往往过于远大，有的只能用梦想来形容。在个人目标与企业目标冲突较大的情况下，毕业生务实的做法应是先以企业目标为主，得到企业的认可、获得核心工作，得到锻炼学到更多的经验，争取企业赋予新人更多的机会、培训、资源和金钱，为以后的梦想打基础。

刚刚走入社会的大学生要懂得主动地适应社会环境，而不能指望社会来适应自己。主动适应社会，是接受社会积极面的影响，完成大学毕业生到社会人的转变；主动适应社会，是为了担当社会赋予的职责和历史使命。只有积极主动地适应环境，尽快融入新环境而又不被环境所左右的人，才能开创出适应自身发展的空间，真正有所作为。

二、树立良好的第一印象，尽快打开工作局面

"印象"是一个人的某些特征在他人头脑中留下的迹象。"第一印象"是在与人初次接触时给对方留下的形象特征，心理学上称为"首因效应"。第一印象在人际交往中所具备的定式效应具有很大的稳定性，一个人留给他人的第一印象就像深刻的烙印，很难改变。毕业生刚到工作单位，往往会成为同事关注的焦点。社会学和心理学的研究成果表明：第一印象具有良好的"思维定式效应""形象光环效应""认识先入为主效应"。因此，大学毕业生要树立良好的第一印象，进而树立良好的职业形象，为今后自己良好的职业发展奠定基础。对于大学毕业生而言，要在工作单位树立良好的"第一印象"，一般要注意以下几个方面。

（一）衣着整洁，仪态大方

仪表是职业形象的基本外在特征，是一个人文化素养的外在表现，端庄的仪表会给人良好的第一印象。不同性质的单位，服饰仪表有着不同的审美标准和习惯。但是，无论从事何种工作，还是以整洁、大方、顺应潮流为好，过于花哨时髦、过分新奇或不修边幅都有损自身形象。初到工作单位，要注意穿着打扮，衣服不一定讲究高档、时髦，追求名牌，但要符合自己的经济状况和现实身份。发型、化妆应简洁明快，切忌矫揉造作，注意生活卫生，始终保持积极向上的良好形象。值得一提的是，大学生毕业后报到的时间一般在夏天，大多数地区的天气比较炎热，许多大学生往往会在穿着上难以取舍，有的大学生认为衣着无关紧要，于是有的男生穿得太随意（穿着短裤、背心甚至拖鞋），有的女生穿得太暴露，这样到用人单位去报到，不会给人留下好的第一印象。

（二）待人有礼，举止得体

刚到一个新单位，日常的待人接物、言谈举止都会给人留下深刻的印象。得体的言谈举止应该表现得亲切、热情、有礼貌、有理智、讲道德、讲信用。待人接物中，一方面要切忌"傲气"，自以为是、目中无人、夸夸其谈。另一方面，要切忌"谦卑"，缺乏自信、过分腼腆、唯唯诺诺、手足无措。对一些新问题、新情况，要虚心向老同志、老师傅请教，学习他们的好方法、好经验。谦虚的品格会给人留下良好的第一印象，会使毕业生在业务上和其他各个方面更快地成长。说话做事要文明礼貌，与人交谈时，应注意发现别人感兴趣的话题，不要一直谈论自己，要善于倾听别人的言论，尤其注意不要随便打断别人的谈话。与人相处应不矜不持、不卑不亢，并注意倒茶、让座、接听电话等容易做到的日常礼节。

（三）工作负责，遵守纪律

毕业生要得到信任，就应该先做一个负责的人。一个成熟的职业人要有强烈的责任感做支撑，对自己的决策和行为负责。"干一行钻一行"，既然选择了这个职业，就要具备强烈的责任心。自觉遵守各项规章制度和工作纪律，不迟到、不早退。初到工作岗位，提前上班、稍晚下班，主动干一些诸如打水、扫地、整理内务的活儿，这是每个新上岗的人员都应做的事情。相反，迟到早退、行为懒散、不守约、不守信，则不可能赢得别人的信赖和尊敬。

（四）积极进取，踏实肯干

大学毕业生走上工作岗位后，首先要经历一个由理论到实践的过程。要注意将所学到的理论知识积极运用到解决实际遇到的问题中。要注重向经验学习、向实践学习，不断提高自己分析问题、解决问题的能力。对待工作要认真负责，忌懒散、浮躁、漫不经心，做事要善始善终，切忌丢三落四、虎头蛇尾。要任劳任怨，甘于奉献，不能因为某工作太脏、太累、太苦、太单调而轻视它。

（五）严守秘密，少说多做

有些保密性较强的单位，对工作人员的纪律要求较严。到这些单位工作的大学生，应当严守机密，不要随便向外人透露内部情况。

不要参与到办公室的一些是是非非之中，不要介入任何"办公室帮派"，平时在办公室不要议论和公司有关的任何事情，满意也好，不满意也好，都不要说三道四，过多议论。须知，公司的决策权不在自己这边，作为员工，需要把自己应该做的那份工作做好。

　　总之，良好的开端是成功的一半。尽管第一印象具有暂时性、表面性等特征，但是良好的第一印象的作用还是非常重要的。它有助于大学毕业生初到单位站稳脚跟，有助于与单位职员融为一体，有助于工作的起步与发展。当然，我们不能仅仅满足于良好的第一印象，更不能以极力伪装的所谓"良好的第一印象"来骗取别人的好感。"路遥知马力，日久见人心"，大学生更应当通过长期的不懈努力，以自己良好的内在品质、正直的为人和出色的工作成绩去建立更高层次的长期的良好印象。

三、掌握职业技能，学会开展工作

　　刚走上工作岗位的大学生，由于离开了指导自己学习的老师和关心自己生活的家长，来到一个陌生的环境，第一次接触到具体的工作，往往不知如何下手，工作中消极等待，这样势必影响到个人的发展和职业规划的实现。因此，刚参加工作的大学生应该尽快地掌握必要的职业技能，学会如何开展工作，缩短职业适应期。

　　（一）熟悉、认同组织文化和组织价值观，融入组织团体中

　　大学生开始职业生涯后，首先应利用岗前培训的机会弄清组织的文化及价值观，了解组织文化的内涵、组织的发展策略及发展目标等。例如，供职单位是鼓励创新还是鼓励循规蹈矩、是倾向于技术人员还是管理人员、是看重生产还是营销，组织的目标是追求利润还是产值、是经济效益还是社会效益等。在熟悉组织文化和价值观的前提下，只有及时地纠正或调整自己的工作方式和职业发展目标，使自己尽快融入组织团体中，才能缩短自己的职业适应期。

　　（二）弄清岗位职责，明确工作任务

　　大学生进入单位后，要及时了解清楚所承担岗位的职能、责任、权利和义务。当接受每项具体工作时，要清楚个人承担的是什么任

务、任务的计划和要求、完成任务的时间等。这样常常可以避免自己不知道该做什么、该怎么做的尴尬，也可避免因工作过于主动而使人觉得有些越俎代庖。

（三）克服依赖心理，学会自主地开展工作

大学生进入单位开始工作后，由于种种原因，总是希望能够得到上司或老员工的指导和关照，不敢独自开展工作，依赖性强是新员工常有的心理。有些新员工还把自己得不到指导归咎于上司不称职或者企业混乱，从而充满抱怨、失望甚至委屈的情绪。其实，单位中的每个人都在承担自己的工作职责，新员工不要指望在工作中处处得到上司和老同事的关照和指导，应该学会主动地开展工作，明确所承担的工作任务，主动做好工作计划，并认真实践，这样才能有所收获，尽快成长。

（四）从小事做起，树立良好的职业形象

刚进入企业的新员工，其工作表现对其未来的发展影响较大。如果刚毕业的大学生总认为自己有知识、有文化，只想干一番大事业，认为工作中一些零星的小事或体力活儿不是自己的事，自己不应该干，从而给人不踏实、不卖力的印象，就可能会失去发展的机会。因此，要想获得事业的成功，必须从小事做起。

对任何一个机构来说，打水、扫地、跑腿、传递信息、接电话、接待来访等，这些事情总是要有人做的。事务性工作是秘书人员、机关科室人员正常工作的有效组成部分，所以大事必须从小事做起，大事孕育于小事之中。对于追求晋升的大学生来说，办好这些小事，本身就是一种素质的磨炼和培养。同时，在这些事情当中也有很多是大事，办好这些事本身并不容易，有时办不好，可以酿成大错，影响大局。例如，接电话、发传真、打印文件、传递信息等，如果没有实实在在的工作态度，可能会给单位造成严重的损失。

四、建立和谐的人际关系，搭好施展才能的舞台

人在社会活动中所形成的建立在个人情感基础上的相互关系是人际关系。人际关系是社会关系的一部分，对于人的各个方面的发展都具有非常重要的意义。美国哈佛大学就业指导小组对几千名被解雇的男女雇员进行了综合调查，发现在这些被解雇的雇员中人际关系不好的比不称职的人高出两倍多，每年调动人员中因人际关系处理不好而无法施展其所长的占90％以上。美国《幸福》杂志所属的名人研究会对美国500位年薪50万美元以上的企业高级管理人员和300名政界人士所作的调查表明：93％的人认为人际关系畅通是事业成功的最关键因素。可见，人际关系与一个人的事业是息息相关的，对于刚刚走入社会的大学生而言，建立和谐的人际关系尤为重要。

（一）和谐的人际关系对初入职场的大学生的意义

1. 消除孤独感和陌生感

大学生到工作单位后，父母、亲人远在他乡；同学、朋友各奔异地，生活和工作环境发生了变化，人际关系比较陌生。如果大学生一开始就注意建立良好的人际关系，主动交往、热情待人、豁达处世，尽快与大家融为一体，便可顺利打开局面，消除陌生感，摆脱孤独的笼罩，顺利度过各种适应期。

2. 保持心情愉快

人际关系的适应是人类心理适应的重要内容。一些大学生工作后感到不顺心，其中一个原因就是人际关系紧张。良好的人际关系可消除隔阂、打破封闭，使大家处于一种互相理解、互相尊重、平等友好的关系之中。当人苦闷的时候，宣泄一下情绪而不必顾虑；愁苦的时候，诉说一下衷肠而不必提防，从而保持心情舒畅，身心健康。

3. 增进团结友谊

良好的人际关系是团结的基础。一个单位精神文明的状况如何，人际关系就是一面镜子。人际关系好，这个单位就团结，上下一心，齐心协力，互帮互助，同舟共济，工作高效而愉快；相反，人际关系紧张，互相扯皮、对立、猜疑，这个单位必然内耗严重，涣散无力，工作无生气。建立和谐的人际关系，要靠全体成员共同努力、共同奉献、共同创造。形成良好的人际关系，有利于增进团结友谊，更有利于集体，有利于工作。

4. 确保工作顺心

和谐的人际关系，可以使人感到工作顺心，生活惬意。当工作不熟悉时，会得到大家的热情指导；生活遇到困难时，人们会给予热心帮助；工作出现失误时，人们会给予理解、安慰；生活中遇到挫折时，人们会给予温暖和友谊；工作取得成绩时，人们会告诫要戒骄戒躁，继续努力。良好的人际关系还会提高工作效率，使人感到生活在文明、温暖的群体中，不断地从中得到锻炼、充实，健康成长。

人际关系是职业生涯中一个非常重要的课题，良好的人际关系是舒心工作、安心生活的必要条件。没有良好的人际关系，就很难在职场上找到自己的位置，也很难在社会上立足。

（二）建立和谐人际关系的基本方法

社会的发展与时代的进步促使人们的交流进一步扩大，联系进一步密切，社会召唤着人与人之间的相容与合作，这为建立和谐的人际关系提供了良好的社会氛围。大学毕业生初到工作岗位，要充分利用这些有利条件，努力处理好与同事之间的合作关系和与领导之间的上下级关系。那么大学毕业生如何加强人际交往，建立和谐的人际关系呢？

1. 提高自身素质，培养自身能力

社会心理学理论认为，一个人的能力大小与他受人喜欢的程度有密切联系。一般来说，在其他条件相当时，一个人的能力越强就越受人喜欢。刚刚走上工作岗位的大学生，首先应当努力钻研业务知识，提高自己的业务能力，以求尽快适应工作环境，认清工作性质，熟悉工作程序，做出工作成绩。这是赢得同事赞誉和领导信任的基本条件，也是建立和谐人际关系的基本前提。毕业生最需要注意的是，在职业岗位上要谦虚踏实，不要自以为是。往往一些人在刚刚走上职业岗位后，自以为文化水平高，学历高，就看不起别人，尤其是看不起工人师傅。他们眼高手低，放不下架子虚心学习，结果自己的书本知识用不上，实践能力又没有，反而被别人看不起。

这样的互相看不起、互不相容、互相不喜欢就必然导致人际关系的紧张与不和谐。

2. 表里如一，增强自身魅力

美丽的外貌在人际关系中具有非常重要的作用，往往会产生光环效应，给人愉悦感和满足感，并留下好的印象。毕业生初到工作岗位，要注重自我仪表，适当地打扮一下，使自己尽可能地漂亮起来，避免拖拖拉拉，毫不讲究，使人生厌。然而，外貌不是万能的，随着人际交往的不断深入，外貌的作用会不断减弱。人们在注重外貌的同时，会更加注重人的道德品质。因此，毕业生在塑造良好外表的同时，应尽力美化心灵，做到表里如一，以内在美的更大魅力，赢得更持久的、更深层次的喜爱与接纳，进而建立良好的人际关系。

良好的道德品质和内在美主要包括以下几个方面：

（1）尊重他人，不自恃清高。初到单位，应当把每一个人当作自己的老师，不管他的职务高低、收入多少、年龄大小和文化水平如保，都要尊重他们的人格和感情，尊重他们的劳动和成果，不要狂妄自大地摆架子。尊重他人才能做到自尊自重，赢得他人的尊重。这样也更容易建立和谐的人际关系。

（2）平等待人，不厚此薄彼。在自己的工作单位，同事之间应平等相待。不要以职务的高低、工资的多少来决定对他人的态度；不要亲近一部分人，疏远另一部分人；不要认为某人对自己有用就打得火热，某人暂时不用就疏远不理；不要见了领导就点头哈腰，满脸堆笑，见到群众就视而不见，甚至冷若冰霜；不要卷入是非矛盾、拉帮结派、搞小团体，而应该尽力与所有同事发展平等互助的友好关系。

（3）诚实守信，不贪图虚名。诚实，就是真心实意、实事求是，不三心二意、口是心非，不当面一套、背后一套。诚实是做人的基本要求，也是建立良好的人际关系的重要条件。守信，就是恪守信用、言行一致、说到做到，不言过其词、华而不实，不做说话的巨人、行动的矮子。诚实守信，才能在交往时互相了解、肝胆相照、互相信任。在交往中，难免会磕磕碰碰，只要诚实守信，误解就会冰消雪融，和好如初。有了矛盾，彼此真诚，才能互相谅解，互相忍让。

（4）热心助人，不见利忘义。在同事有困难时应当伸出热情的手给予帮助，而不能袖手旁观，坐视不管，更不能落井下石，见利忘义。患难见真情，热情帮助他人的人才会得到别人的帮助，才会赢得别人的认可和赞扬。

3. 与人相处，切忌独来独往，孤陋寡闻

空间上的邻近是人们之间相互吸引的重要条件，人们会因为频繁的接触而非常熟悉，从而相互喜欢。熟悉是喜欢的重要条件，所以邻近的人最易成为朋友。初到一个新环境，走上新的职业岗位，要以一个积极的姿态来应对。由于性格、爱好、生活习惯和生活方式的不同，一些大学生一开始会有些"不合群"，表现为与他人的志趣不相投，很难与人相处，经常独来独往，其结果往往导致人际关系的疏远。一个人对单位的人和事知之甚少，别人对他也不是十分了解，这样的相处方式不利于单位之间的人际交往。

4. 主动随和，心胸宽阔

人们之间的喜欢经常表现出相互的特性，即人们喜欢的往往是那些喜欢自己的人。因此，想让别人喜欢你，首先你要喜欢别人。首先，大学毕业生在平常的交往过程中，要谦虚随和，平易近人而不故步自封，这样才会给人一种容易亲近的感觉，大家才愿意和你交往，彼此交往才会愉快舒畅。通过这种方式，大学生才能更好地获得各种知识，以人之长补己之短；才能扩大视野，增长见识，不断提高自身素质。其次，要严于律己，以各种道德规范和行为准则严格要求自己；要宽以待人，对人宽容大度，多一些理解和谅解，而不斤斤计较。例如，在工作中出现失误或者过错时，要勇于剖析自己，主动承担责任；当同事做错了事或者造成损失时，要善意地指出，热情地帮助。这些都是律己宽人的具体表现。总之，心胸宽阔，坚持以严格的规范要求自己，以宽厚的态度对待别人，就有利于建立起和谐的人际关系。

5. 尊重上级，服从安排

一个单位、一个组织的工作运行都是通过下级对上级的服从来完成的。下级对上级的无理拒绝，将使运行机制遭到破坏，工作无法进行。因此，这种现象是不允许出现的。当然，上级也有很多不足。有出色的上级，也有无能的上级；有宽容大度的上级，也有心胸狭窄的上级；有埋头苦干的上级，也有得过且过的上级。无论是哪种上级，只要你在这个单位工作，就必须听从其指挥。上级的正确指挥，不是代表个人，而是受组织之托，代表组织行使权力。对分配给自己的工作，能完成的要勇挑重担；难以完成的，最好单独找到上级陈述理由，不要当众拒绝，要维护上级的权威。要善于向上级学习，在工作上和他们保持密切联系，尽快熟悉自己的工作，并力求得到他们的支持和帮助。

五、努力保持自我，建立起真正的核心竞争力

学生的社会适应，是大学生对社会一种积极的投入和有机的融合。这种投入和融合，以承认遵守社会规范和服从现实社会有序要求为基础，但并不应该以完全牺牲自我为代价，更不能如邯郸学步那样失去自我。

如何在社会适应中保持自我呢？这就要求大学毕业生首先要把握市场的需求，明确自我成才目标，按照职业生涯规划的要求，扎实地学好专业知识，锤炼实践动手本领。只有这样，才能在职业选择过程中增强针对性，才能最大限度地发挥专业特长。实践证明，在就业的初期，以专业方向为基础选择工作有利于个人的发展。其次，要沉下心来打基础。要有三年成长和成熟的心理准备，要培养自己良好的心理素质、心理承受力。要能够沉下心来，努力适应社会，适应公司环境，学会独立思考、独立行事，学会承受和忍耐，学会察言观色，少说多做。掌握一些自己喜欢的、社会需要的技能，为自己在未来的择业竞争中增加砝码，为实现自己的目标而打下坚实的基础，做好铺垫。

总之，青年学生就业适应期，是心理情绪的躁动期、所学知识

与实际需要的落差期、理想与现实的错位期，同时也是各方面能力培养的实践期和发展期。因此，职场新人只有及时提高认识社会和认识自我的能力、尽快度过当代大学生步入社会开始阶段的状态、尽快适应职场环境，并找到适合自己的职业规划，才会不断成长和成熟，才能处变不惊，避免陷入职业困顿，从而迈出成功的步伐。

提高工作效率的二十个法则：

1. 明确目标：清晰知道工作的方向和要达成的结果。

2. 制订计划：合理规划工作步骤和时间安排。

3. 优先排序：确定工作任务的优先级。

4. 消除干扰：减少外界对工作的干扰因素。

5. 集中精力：在特定时间段专注于一项任务。

6. 限时工作：为任务设定时间限制，增加紧迫感。

7. 利用工具：善于使用合适的软件或工具辅助工作。

8. 定期休息：避免疲劳，保持良好的工作状态。

9. 保持整洁：工作环境整洁有序，方便查找物品。

10. 避免多任务：一次专注做一件重要的事。

11. 提前准备：为即将开展的工作做好准备。

12. 学会拒绝：对非必要的事务说"不"。

13. 简化流程：去除烦琐不必要的步骤。

14. 团队协作：与同事有效配合，提高整体效率。

15. 知识管理：及时整理和积累工作相关知识。

16. 自我激励：保持积极的工作动力。

17. 定期回顾：总结经验教训，不断改进。

18. 快速决策：避免犹豫不决浪费时间。

19. 保持学习：提升技能，更好应对工作。

20. 保持健康：良好的身体是高效工作的基础。

第三节　正确看待另谋高就的现象

一、导致另谋高就的一般情形

人往高处走，这固然没有错。但是，说来轻巧，做起来很难。因为它包含了为什么"离开"、怎样"离开"、什么时候"离开"，以及"离开"了以后怎么办等一系列问题。

当一个人离开企业或者单位时，通常有以下几种情形：

一是自己不适合企业的发展。出现这种情况的原因是自己没有更快地学习，不能跟随企业一起发展。当员工的成长速度和企业的成长速度不匹配时，员工就会和企业分道扬镳，这是在所难免的情况。

二是企业不适合自己的发展。如果一个企业不能够与时代接轨或者不能够为企业的员工提供合适的舞台，那么员工与其在企业无所作为，不如另寻别处。

三是在企业内与同事关系紧张。这种情形在离职人员中不在少数，由于关系紧张，工作当然没有什么兴趣，也没有什么激情去创造。

四是无法完成预定任务。这在以销售为导向的公司较为普遍，比如采取末位淘汰制，连续两个月业绩在最后 5 位的，只能和公司解约。

五是对自己的工作产生疲倦感，想换环境。这是目前很多白领的心态，不是不能胜任工作，也不是跟不上企业的发展，更不是同事关系，能力也不是最差的。就是突然厌倦了自己的工作，想换个地方工作。

六是其他事情。比如出国、生育等。

二、另谋高就的四个阶段

（一）预先准备阶段

对于另谋高就，准备工作极其重要。俗话说得好，"紧走慢收拾""磨刀不误砍柴工"，说的就是这个道理。若准备不足急上阵，往往会漏洞百出、事倍功半，甚至"欲速则不达"。所谓预先准备阶段，指从有了另谋高就的念头到决定另谋高就的这段时间。在这个阶段，需要做好"三想一听"。

1. 想清楚为什么另谋高就

要想清楚为什么另谋高就，首先必须弄懂另谋高就的意义。要知道另谋高就只是手段，不是目的。通过另谋高就找到适合自己发展的道路，是另谋高就的全部意义。每一次另谋高就，都是对于职业规划和发展目标的一次重新设定。另外，还要清楚地了解自己到底想要什么，十分明确地知道自己当前的心理需求。如果不清楚的话，那么另谋高就就需要打上大大的问号。

2. 想清楚凭什么另谋高就

老子说："自知者明，自胜者强。"能够自己了解自己"底细"的人，才能具备明确清晰的思路。另谋高就之前，把自己"想清楚"显得十分重要。只有想清楚"凭什么另谋高就"，才能预知另谋高就后能够做些什么，能够做到什么程度，能否达到自己的预期目的。

3. 想清楚另谋高就的后果

另谋高就之前，既要有信心，又要把困难想足。尽量不要盲目地、毫无根据地破釜沉舟、背水一战，最好准备一套失败后的救助预案，避免到时候手足无措。对于另谋高就的成败得失，事前必须要有所预想，需要仔细计算一下跳槽的成本和风险。例如：辞职会损失多少福利？为了另谋高就，是否需要支付一笔很大的搬家费？等等。

4. 倾听各方面的意见和建议

有了另谋高就的念头后，要集思广益，听一听家人和朋友的意见，让他们发表看法，他们或许会想到一些我们未曾考虑到的问题。

即使不一定所有的话都正确、都有价值，但总有可以借鉴的东西，会对我们做出正确的选择起到一定的帮助。

职业人在另谋高就时需要注意这样几个问题：盘点自身的能力和特质，找准适合的行业，瞄准适合自身特质的企业，确认能够提升能力的岗位。另谋高就转型是职业人不满足现状，渴望实现更多发展的策略。很多职业人在另谋高就中很盲目，调查显示，对于另谋高就失误，超过七成的职业人认为可以通过再次另谋高就来实现发展，摆脱另谋高就错误的泥潭。然而，重新制定目标，调整战略，时间成本、经济成本、机会成本等都已经造成了浪费，另外精神上也要承受巨大的压力，尤其是跨行业另谋高就，要综合职业人的专业、工作经验、职业气质等多方面因素，这样才能得出适合个体的科学结论，全面考量才能合理规避风险。

（二）直接准备阶段

1. 准备往哪里另谋高就

这里所说的往哪里另谋高就有三层意思，指地域、行业、特定公司或企业。

2. 准备什么时候跳槽

另谋高就必须掌握时机，不能乱跳槽。在机会降临之前，应该对另谋高就时间有初步规划，如果条件许可的话，比如自身很有实力或者很有知名度，什么时候另谋高就基本上可以自己掌控，但如果条件暂时还不允许，就不应该草率，最好等待恰当的时机。

3. 准备怎样跳

另谋高就有其科学的一面，也有其艺术的一面。怎样跳槽看似是方法问题，其实是观念问题，也是如何认识和把握机会的问题。每个人都应该有自己最适合的方法，不必苛求。

（三）另谋高就实施阶段

考虑成熟后，另谋高就机会一旦来临，就进入另谋高就的实施阶段。另谋高就实施阶段就是预先和直接准备结束后，有了很好的另谋高就机会开始向原单位表明自己另谋高就的意愿，一直到离开原单位的这样一段时间。从另谋高就全过程来说，这个阶段也是十分关键的。

1. 写好离职申请

另谋高就不是简单的离职，不宜不辞而别，这不仅反映一个人良好的职业道德，更是国家法规的要求。另谋高就时应按有关政策法规办理有关手续。离职报告没有固定的格式，一般来说，应包括离职原因、离职期限、交接工作等，最好对单位对自己的培养表示感谢之意。

2. 与老板或主管面谈

递交了离职报告后，一般情况下，老板或主管要找员工谈话，谈话之前最好有所准备，该说的一定要说，不该说的只字不漏。既然选择离开就好聚好散，要避免恶言相见、冷面相对。如果公司对自己的辞职有什么想法，自己就应该做出诚恳的解释和说明。

3. 妥善进行工作交接

虽说即将离开，不再是公司成员了，但也应该本着负责的态度，善始善终，妥善交接，这也是职场上的基本职业操守。如果公司还没找到合适的接替者，或接替的人经验不足，要我们多待几天时，也应该一如既往地努力做好工作，站好最后一班岗。如果已经找好了单位，就积极主动地与新雇主沟通，争取再给几天交接时间。

4. 认真办理人事手续

人事手续必须办妥当，千万不要留有疏漏，以免将来遇到不必要的麻烦。选择职业是《中华人民共和国劳动法》规定的劳动者的一项基本权利，另谋高就时应该遵守有关法律规定，否则可能会因违法而受到制裁。

（四）另谋高就善后阶段

至此，已经完全离开了原来的单位，但就另谋高就而言，还不能算是真正的结束。另谋高就善后阶段，指从完全离开原单位开始到新单位上班这段时间。有的人或许上午离开原来的单位，下午就去新单位上班；有的人或许过了几天、几个月才重新上班；有的人甚至半年还未找到工作。总之，离开原来的单位后，相当于重新启动了一个新的求职程序，是求职过程的一次新的轮回。

三、职业再选择的技巧

在考虑再择业问题时，首先应该对自己有一个审慎的内省：需要仔细考察自己的个性特点、兴趣爱好、价值取向、知识和技能储备，分析自身优劣势、个人理想、对职业发展的预期和愿望是什么等。通过诸多方面的分析，对自己有了一个清晰、完整的了解之后，才可以下决定：自己是否喜欢目前的职业，到底适合什么样的工作，如果已经决定了要另谋高就，就一定要注意以下问题。

（一）摆正心态，正确认识"先就业再择业"

大学毕业生应该正确理解"先就业再择业"这一观念，不能曲解它。其实通常意义上的"先就业再择业"，并非怂恿大学毕业生对应聘单位存有二心，不珍惜现在的工作岗位，盲目另谋高就，而是让大学毕业生正确给自己定位，在具备了一定工作经验的基础上，以科学的态度再为自己以后的发展谋取更好的就业机会。

1. 盘点自身含金量

不清楚自己的能力如何，不知道自己下一步的职业目标，不确定自己所在的行业、岗位等，仅仅是跟着薪水与职位的感觉走，这样盲目的状态无疑是不行的。要考虑从职业气质、职业能力、职业潜力等方面来看自己到底适合做什么，只有定位准确、目标清晰，才能确保自己的从业实现持续性的发展。

2. 必须努力全方位地了解"目标行业"

首先，应该了解"目标行业"的发展前景。就目前来说，朝阳行业较有前途，能给新人创造更多的成功机会。其次，还要主动去了解"目标行业"的信息，在了解情况时，仅仅依靠报纸和杂志的介绍或网络上的信息是远远不够的，最理想的状况是在该行业中有几个内线，随时可以为你提供最可靠信息，其内容包括升迁制度、薪资状况等。

3. 要分析自己与新行业是否匹配

在了解完"目标行业"的情况后，要将其与现在的工作进行比较，寻找两个行业的共同点。一般来说，知识技能、面对客户群、工作模式三方面中有一方面具有共同点，那么转行就比较容易。例如，都是做销售的，原来是做房地产销售，如果改做汽车销售了，虽然行业变动了，但是面对的客户群却没有发生变化，工作起来就比较容易进入角色。

（二）再择业时应注意的问题

1. 再择业应该采取"两面都要抓"的策略

寻求新的工作机会的同时仍然要做好现在的工作，不要认为既然要离开，就可以在目前的岗位上不负责任、自由散漫，这样会影响自己的工作态度、破坏自己的工作积极性和增长工作经验的机会，同时也会造成不良影响。具备高度责任感的员工的一个重要行为表现就是对工作的善始善终，这样无论在哪里工作，都能留下较好的职业口碑，有利于在新单位的发展。此外，由于现在就业压力大，换份理想的工作并非易事，因此只有在做好现在工作的基础上，才能赢得一份更好的工作。

2. 再择业要慎重考虑

对于刚进入职业社会的人而言，工作经验和经历是最大的弱势，因此如果不是工作非常不合适，就业前两年最好保持工作稳定，也可以选择"换岗不换单位"的策略。现在很多大型企业采用内部招聘的形式，企业在留住人才的同时，也给人才职业调整的机会，可以通过内部应聘选择公司中更加适合的其他岗位。同时也要注意，内部招聘的企业对经常跳槽的人一般是不欢迎的。因此，要慎重设计自己的职业道路。

3. 转行时行动要坚决果断

据调查，往往在原有领域走得越远、造诣越深的人，转做其他行业的难度越大。但只要认为转换行业方向是正确的，对自己未来的发展更有好处，就不要再犹豫。因为等待、观望的时间越长，需要付出的代价也就越大。如果我们将这些都看作一种投资的话，那么整个事情就变得相对简单，你并不是在换工作，而是在对一个新领域进行投资，而且它将给你带来巨大的收获。

4. 要做到失业不失志

大学毕业生在再择业的过程中，可能会出现暂时的失业问题，因此事先必须做好充分的思想准备，做到重振精神，"失业不失志"。首先，要对自身素质进行反思。勇于自我"解剖"，针对自身素质缺陷，主动充实自己。其次，要对再择业环境进行反思。如果发现择业并非自身素质，而是社会不良风气所致，更应树立自立自强的上进精神，顽强进取，寻找重新就业的机遇。要懂得"卓越的人最大优点是在不利与艰难的境遇里百折不挠"。不少大学生在第一次的就业中，就已积累和取得了一定的职业经验，要敢于发挥自己的职业潜能，向那些与原有职业相同或相近的职业大胆进军，争取更大的发展、争取最后的成功。机遇总是青睐那些有准备的人，最好的职业并非总是由最佳的人选取得，而是总是被准备得最充分的人获得。大学毕业生要在变革迅猛、竞争激烈的当代社会中找到合适的位置，充分发挥自己的聪明才智，最重要的是要做好充分的思想准备，转变择业观念，树立有较强适应性的就业观，优化知识结构，提高能力素质。唯有如此，毕业生在走向社会时，面对的无论是社会巨变的惊涛骇浪，还是优胜劣汰的急流险滩，都能够搏击自如、游刃有余。

第二章　大学生创业问题探究

　　大学生创业群体主要由在校大学生和毕业生组成。如今社会各界密切关注大学生创业问题，因为大学生属于接受高等教育的人群，多年在学校接受过专业教育，往往肩负着社会和家庭的种种希望。在经济飞速发展的当今社会，就业趋势不太乐观的情况下，大学生创业也自然成为大学生就业之外的另一选择。因此，国家和学校很重要的一项工作就是帮助和引导大学生实现自主创业。

第一节　大学生自主创业概述

　　创业是创业者通过发现和识别商业机会，成立活动组织，利用各种资源，提供产品和服务，从而创造价值的过程。创业具有较高的风险，同时也有较高的收益。随着商品经济的快速发展和知识经济的突飞猛进，投入创业浪潮中的大学生越来越多，并取得了一些成功的经验，大学生创业也因此成为热门话题。

一、大学生自主创业的背景和意义

（一）大学生自主创业的背景

　　由于大学在新时代的知识创新与社会发展中发挥着巨大的作用，因此大学的教育理念也随之发生了巨大的变化。寻求培养创造型人才的最佳途径，使受教育者的潜能和素质得到充分发挥，已成为高等教育面临的一个崭新课题。在这种大背景下，大学生创业行动在世界范围内广泛兴起。

大学生创业活动始于 20 世纪 80 年代。1983 年，美国得克萨斯大学奥斯汀分校举办了首届大学生创业竞赛，之后便逐渐传播到世界其他国家的大学并渐呈壮大趋势。1998 年，联合国教科文组织发表的《21 世纪的高等教育：展望与行动世界宣言》中指出："为方便毕业生就业，培养创业技能，应成为高等教育主要关心的问题；毕业生将不再仅仅是求职者，而首先将成为工作岗位的创造者。"1999 年 6 月，在斯图加特召开的欧洲大会提出："教育要向学生提供创业的知识和机会。"1999 年 4 月联合国教科文组织在韩国汉城（今首尔）召开的第二届国际技术与职业教育大会，突出强调要培养创业能力，认为为了适应 21 世纪新的挑战和变革的需求，更新教育和培训必须包括创业能力，这种能力无论对以工资形式就业还是自谋职业都同等重要。在发达国家，创业教育在高校被广为推崇，与此相伴的是各种影响广泛的大学生"创业计划大赛"，如美国著名的"MIT 创业竞赛"，现在每年都有 5～6 家新的企业从这项赛事中诞生，并有相当数量的创业计划和创业团队被附近的高新技术企业以上百万美元的价格买走。到今天，美国已有 35 所高校举办了创业计划大赛，这种竞赛正日益成为美国经济发展的直接驱动力之一。

中国大学生创业的历史可以追溯到改革开放之初，而广泛的大学生创业则是在 1998 年清华大学举办的首届大学生创业设计大赛之后迅速发展起来的。从此以后，"大学生创业"这个新名词和它所蕴含的巨大能量开始从中国高校辐射开来。继首届清华大学创业设计大赛成功举办后，北京大学、上海交通大学、复旦大学、同济大学、南京大学等国内著名高校纷纷举办大学生创业计划大赛，一批批大学生跃跃欲试投身产业，其中一些佼佼者还获得了企业的投资。同以前的学生创业不同的是，当代大学生创业已不再满足于将自己的成果兜售给生产商就了事，而更渴望亲身参与创业的全过程。通过创业大赛，许多人更加有意识地将自己的科研成果转化为实际的生产力。1999 年 8 月，清华创业园成立，11 家学生公司入住，大多由清华大学的在校大学生或应届、往届毕业生创办，参与者年龄都是 20 多岁。所有入园企业均为高新技术小企业，11 家企业中有 9 家与信息产业相关。2000 年 1 月，学生创业在全国高校技术创新大会和中国大学生创业计划大赛两项活动的推动下达到了高潮。2002 年，当高校扩招后的就业难引发的自主创业再次升温时，教育部也开始重视这个问题。2003 年、2004 年教育部在北京航空航天大学举办的创业教育骨干教师培训又将高校开展的大学生创业教育推向了一个新的阶段。2006 年，"前程无忧"在网上展开了一项关于毕业大学生创业的调查，其结果显示，仅有 3.4% 的大学生没有创业冲动，而在其余 96.6% 有创业冲动的学生中，有 7% 的学生已开始了创业。视美乐是中国大学生创业的典范，开创了大学生创办公司的先河，在中国大学生创业史上抹上了浓重的一笔。视美乐的创办起源于清华创业者协会的创业计划大奖赛，在视美乐的创办过程中，清华大学围绕着创业计划的实施进行了一系列制度创新，允许学生中断学业去创业，清华科技园创办了孵化器，这一切意味着教育体制改革进入新的阶段，利用学生与青年人的敏感进行创业将是中国经济发展的一股新的力量。

大学生虽然在创业过程中遭遇到了困难和挫折，但他们的创业热情没有减弱。可以说，高校大学生创业的水平和层次是不断提升的，从最初的盲目创业到现在的科学创业、理性创业，创业理论也在不断地在实践和总结中得到发展和成熟。

（二）大学生自主创业的可行性

21 世纪初期，中国的经济和社会发展进入一个重要的转折期。随着大学生创业的不断发展，大学生创业已经由"精英"走向"平民"，越来越多的大学毕业生选择自主创业。同时，广泛而深刻的社会变革为大学生提供了广阔的创业舞台，中国大学生创业是时代发展的必然趋势。

第一，世界经济发展时代的到来为大学生自主创业提供了广阔的空间。

21 世纪是世界经济发展的时代，是科学力量加强的时代。传统的产业部门逐渐被新兴产业部门所取代，新的资源与新的资源配置方式不断出现。知识的拥有者、控制者打破传统的货币资本与实物资本的控制者对社会权利的垄断地位，成为新时代社会结构的核心和中坚力量。与此同时，社会财富也被新的知识创新阶层所控制，一些新的就业方式不断出现，知识就业者、信息就业者、网络就业者大量涌现。这种新的经济形态，为知识型人才包括大学毕业生的创业提供了广阔的空间。

第二，社会经济的发展和产业结构的调整为大学生自主创业创造了良好的条件。

众所周知，改革开放以来，我国坚持走中国特色社会主义道路，坚持以公有制为主体多种所有制经济共同发展，发挥科学技术是第一生产力的重要作用，依靠科技进步和提高劳动者素质，社会经济得到了快速发展，这就为创业者包括大学生开展自主创业活动创造了一定的物质条件。同时，为了保证国民经济的健康快速发展，对现有的经济结构进行了调整，这也使大学生的自主创业成为可能。尤其是第三产业的蓬勃发展，不仅为我国的整个经济发展注入新的生机和活力，而且也为创业者包括大学生创造了良好的机遇和条件。由于第三产业主要是服务性行业，就地点而言，一般不需要占用太多的场地；就人员而言，劳动力资源比较充裕，劳动力成本开销小；就设备和资金而言，投资一般不大，项目一般具有灵活、新颖、特色等优势，所需资金额度较小，创业成功的可能性较大。第三产业的这些特点，无疑为刚走出校门的大学生提供了自主创业的有利条件。

第三，实现自我价值的要求促使越来越多的大学生走上自主创业之路。

大学生是时代的骄子，在就业岗位的选择上，他们有自己的职业理想和目标追求，都渴望在就业岗位上能充分施展自己的聪明才智、发扬自己的个性，实现个人的人生价值。而自主创业作为一种新的就业方式，既为自己开辟了就业之路，还增加了其他毕业生的就业机会，直接为自己和社会做出了贡献，这种方式正符合大学生实现自我价值和发扬个性的要求。正是这种要求，促使越来越多的大学生走上了自主创业之路。可以预见，在不远的将来，自主创业会逐渐成为大学生就业的主流，成为大学生毕业后就业的首选。

第四，当前的就业形势要求更多有条件的大学毕业生选择自主创业。

目前我国的高等教育已进入"大众化教育"阶段，大学毕业生的就业压力越来越大，就业形势更加严峻。近几年，大学生初次就业率大约在70%。面对这种形势，对于受过高等教育并具备一定创业能力的大学生来说，自主创业无疑是一个明智的选择，它既可以为自己寻找出路，又可以为社会减轻就业压力，不仅解决了自己的就业问题，而且还可以给别人提供就业机会和岗位。目前从中央到地方再到高校都热情鼓励大学生自主创业，各高校为大学生自主创业积极创造了各方面的条件。大学生自主创业具备了"天时、地利、人和"的难得机遇。

（三）大学生自主创业的意义

第一，有利于缓解大学生就业压力。

随着高等教育从"精英教育"向"大众化教育"转化，高校毕业生将呈现逐年增加的趋势，大学毕业生数量将远远超过空缺岗位的数量。在很长一个时期内，大学生将面临更为严峻的就业形势。在这种形势下，强化创业教育，增强大学生的创业能力有利于解决大学生就业难的问题。创业能力是一个人在创业实践活动中的自我生存、自我发展的能力。一个创业能力很强的大学毕业生不但不会成为社会的就业压力，相反还能通过自主创业活动来增加就业岗位，缓解社会的就业压力。正因为如此，各国政府在通过公共政策增加就业机会的同时，把鼓励大学生自主创业也作为一个促进就业的基本政策取向。

第二，有利于帮助大学生实现致富梦想。

改革开放以来，中国出现了一批批创富者。着眼于未来，中国的财富将更多地被拥有这样两个条件的人分享：一是拥有智慧，受过良好教育和规范训练，又有足够的人生阅历；二是具备创造财富的激情、愿望和善于运用自己智慧的能力。当前，大学生的就业观念正在悄悄地发生改变，一个鼓励创业、保护创业、崇尚创业的大环境正在逐步形成。原先由政府包揽的就业和创业活动逐渐被市场取代，产业结构调整带来的巨大创业机会，以及政府出台"创业带动就业"的政策，促使大学生创业暗流涌动。然而，创业是一个复杂的创造性的事业，不仅需要创业的精神、创业的素质和创业的经验，而且需要奉献、长期坚守和不断创新。问卷调查显示，65.7%的大学生表示毕业后会先就业锻炼两三年，进行知识、能力储备、人脉资源积累，结合实际情况再决定创业。对于在创业过程中可能遭遇的失败和挫折，68.2%的学生表示会积极面对，勇往直前。

第三，有利于促进中小企业的快速发展。

从国际经验来看，等量的资金投资给较小的企业，所创造的就业机会是大企业的4倍之多。一个国家有97.5%的企业属于中小企业，将近80%的劳动者在中小企业就业。美国一直比较重视中小企业的发展，称其为"美国经济的脊梁"，美国企业创新产品中80%来自中小企业。我国现有4000多万企业，其中95%以上是中小企业，在吸纳就业、促进经济增长方面，中小企业做出了很大贡献。因此，鼓励大学生自主创业有利于中小企业的快速发展。

第四，有利于培养大学生的创新精神。

创新是一个民族的灵魂，是一个国家兴旺发达的不竭动力。青年大学生作为中国最具活力的群体，如果失去了创造的冲动和欲望，那么中华民族的发展动力就会减弱。联合国教科文组织在1999年发表的《21世纪的高等教育：展望与行动世界宣言》中提出："必须将创业技能和创业精神作为高等教育的基本目标。"与西方发达国家相比，我国大学生创业教育严重缺失。据国际教育界预测，21世纪全世界将有一半以上的中专生和大学生要选择自主创业之路。因此，我国必须尽快转变整个社会的传统教育理念，深化改革高校人才培养模式，从就业教育转向创新创业和就业相结合的教育。当前，我国提倡和鼓励大学生自主创业，并为此出台了租金、场地提供、工商、税务等一系列的优惠政策，但更重要的是引导大学生培养勇于开拓的创业精神，把就业压力转化为创业动力，培养出越来越多的各行各业的创业者。

二、大学生自主创业的模式

大学生自主创业模式是大学生在特定区域、特定环境中形成的，是在创业动机、创业方式、产业进入、资金筹集、组织形式、创新力度和政府支持等方面具有相似性、典型性的创业行为，是对各种创业因素的配置方式。大学生创业模式是不可穷尽的，随着创业实践的发展，将不断出现新的创业模式。我国大学生创业起步较晚，创业的环境还不成熟。目前，我国大学生创业主要有六种基本模式。

（一）积累演进模式

积累演进模式是指大学生为了在就业的同时积累资本和经验，由个人或几个人组成的创业团队白手起家，完全独立地创业，属于典型的个人创业。创业主要集中在商业零售、餐饮、化妆品、服装、图书批发、家具、眼镜、乐器的经营上。这种创业模式的资金需求较小，创业者可以通过自己前期的兼职积攒、向亲朋好友借债或在政策范围内获得小额贷款的形式筹集。在管理上主要是采取自我雇佣的业主组织形式，产权关系上以个人独资或合伙投资经营为主，在经营取得成功并发展到一定规模的时候，就成立具有法人地位的股份制小型公司。这种创业模式投资小，面临的不确定性程度低，稳扎稳打、步步为营，逐渐积累壮大，成功率较高。

（二）连锁复制模式

这种创业模式是指大学生以加盟直营、区域代理或购买特许经营权的方式来销售某种商品或服务的创业活动。加盟的行业主要是商业零售、饮食、化妆品、服装等技术含量不高而用工较多的行业。资金筹集上一般是由个人独资或几个人合伙出资，组织管理上实行按总店或中心的统一模式自我雇用、自我管理，并且能分享经营诀窍和资源支持，长期得到专业指导和配套服务。这种创业模式由于有经营管理上现成的模式可供直接采用，可充分利用特许企业的品牌效应降低经营风险，享受规模经济的利益，被称为是站在巨人的肩膀上的创业。

（三）分化拓展模式

这种创业模式是指大学生首先加入某高新技术或商品流通企业，成为该企业的骨干员工，然后利用企业内部创业的机会来实现自己创业理想。一些大学生发挥自己的专业特长，迅速成为公司的骨干，而这时公司恰好准备变更或重塑公司的主要方向，由公司投资委托骨干员工来负责新业务或新项目。作为骨干分子，在资本、经验、人力资源发展到适当程度并判断有更好的商机出现时就脱离原公司集团，以自己个人积累的资金为主体来创建新的法人企业。创业者在参照原公司集团经营管理模式的基础上根据自己的偏好做进一步改进。这种创业模式可以依托原公司客户关系网扩大业务，创业风险较小，成功概率较高。

（四）技术风险模式

这种创业模式是大学生将自己拥有的专长或技术发明通过"知本雇佣资本"的方式发展成企业。创业的大学生具备某一专业、技术特长，或成功研制一项新产品、工艺，但要创建成企业需要高额资本，而学生往往由于缺乏信用保证难以通过信用机制从外部筹措大量需求的资金。于是大学生就以技术、专利、其他智力成果做资产估价，吸引有眼光的公司提供风险投资基金来创建企业。这种创业模式主要集中于电子信息、生物技术、高科技农业等技术含量高、知识密集型的行业。经营形式上采取股份法人公司制，管理上十分强调企业家精神和团队精神。这种模式是技术与风险资金的结合，不确定性程度高，风险大。

（五）模拟孵化模式

模拟孵化模式是指大学生受各种创业大赛的驱动和高校创业园区创业环境的熏陶、资助、催化而进行创业活动。许多高校举办了各种各样的创业大赛，参加大赛的大学生在创业大赛中熟悉创业程序、储备创业知识、积累创业经验、接触和了解社会，是对创业的模拟实验。同时，高校纷纷建立科技园区或创业园区，园区中的科技创业基金中心或大学生创业投资公司对经过严格评估的优秀参赛项目进行股权形式的投资，建立股份制公司，并且定期对投资项目进行评估，实行优胜劣汰，对项目进行创业催化。创业者可以得到政策的支持和创业园区的各项帮助，包括专家的培训和指导，免费提供办公场所、办理证照、落实优惠政策、推荐申报、市场营销服务等。这种创业模式集中于高科技行业，很多项目是研究生的导师承担的各级政府课题基金项目的成果。

（六）概念创新模式

这种创业模式刚刚兴起，是指大学生凭借自己的创意进行创业活动。概念创新集中于网络、艺术、装饰、教育培训、家政服务等新兴行业，创业者的设想能够标新立异，在行业或领域是个创举，并迅速抢占市场先机。创业的资金需求量不是很大，一般创业者向亲朋好友借款，或在政策范围内小额贷款，特别有创造性、能吸引商家眼球的也可以引来大公司的股权形式的资金注入，组织管理上的个人独资、合伙、股份公司均可。这种创业需要具有独特的个性特征和旺盛的创业欲望，善于洞察商业机会，创业难度高，不确定性程度高，但成功的收益也很大，是一种开创性价值创造型创业。

手工艺品制作就是一个很典型的概念创新模式的创业形式。创业者将海洋贝壳类材料制成半成品，提供给顾客，最后由顾客亲手制作出来成品手工艺品。工艺品的价值在于"独特"和"新颖"，贝壳类工艺品的天然和环保特性已被消费者接受。创业者策划经营的半成品受人青睐的关键是给了顾客一个参与制作的机会。如果创业者专注产品方案开发，进一步扩大顾客参与的延展性，并且考虑多种营销方式，那么就会很快地提高销量、实现盈利。

第二节　大学生自主创业的前期准备

目前大学毕业生正处在从理论到实践、从求知到创业的重要转折时期，大学生科技创新、自主创业越来越成为人们关注的焦点，对个人及社会都具有深远而积极的影响。然而，自主创业是一项极具挑战性的社会活动，要想成功创业，除了需要社会所提供的创业环境和扶持政策等客观要素外，大学生在创业前和创业过程中还需要做好能力、素质、物质、精神等多方面的准备。

一、成功创业的基本要素

对于创业而言要求有很多条件和要素，但就基本的要素而言，大学生创业更应特别关注以下几个方面。

（一）创业者

人们一般都认为创业一定要冒极大的风险。由于创业具有强烈的个体性色彩，因此十分强调创业者本身的个人素质和能力。大学生要在社会竞争中站稳脚跟，靠的只能是实力。没有实力，其他一切都是空谈。只有创业的美丽梦想，没有足够的创业实力，创业永远不可能成为现实。而当大学生的创业实力达到一定的程度时，他会排除其他因素的影响，坚定地走创业之路。因此，可以说大学生本身的能力与素质在创业选择中起决定作用，其他因素都是外因。大学生创业，与大学生本人的性格、气质、个性、爱好、特长等有着紧密的联系，性格、爱好、特长与创业项目的结合会为创业的成功增加重要的砝码。比尔·盖茨、杨致远最初由于痴迷电脑创立了微软公司。他们所进行的创业项目，正是他们的爱好和特长，他们对其有着无比浓厚的兴趣，而且可以说，是兴趣引领他们开始了创业的脚步，他们在创业最初绝对没有想到未来是如此的灿烂。

极具功利色彩的创业，在很多时候显得不那么功利，它需要创业者将其作为一种理想追求，一种崇高的价值实现。因此，许多人都认为创业者的素质与能力是创业成功的第一要素。

大学生创业最重要的还是要调整好心态，不能太理想化，不能人云亦云，不能打无准备之仗。否则，对大学生本人来说，既是一种时间的浪费，又是一种经济的浪费。

（二）社会条件

影响大学生创业选择的社会因素有两方面：一是社会为大学生提供的创业硬、软件环境；二是大学生创业的社会舆论。对大学生创业来说，"硬"的社会环境主要指风险投资机构对大学生创业项目的关注和扶持；"软"的社会环境是指与大学生创业相关的政策环境、法律环境、商业环境。而整个社会对大学生创业的看法，不但影响大学生的择业，还影响大学生创业的成功与否。

（三）创业团队

管理专家针对经营者的管理水平有三句话：一流的企业经营者是员工为你拼；二流的企业经营者是你和员工一起拼；三流的企业管理者是埋头苦干、自己拼。要想使自己成为一流的经营者，首要的任务是建立一支优秀高效的团队。创业者在组建创业团队时，既要考虑能力，还要考虑志向与志趣、品行等。对于创业企业，从人才的招聘与选拔到员工的培训与发展，从绩效评估到制定薪资、福利制度等，创业者都需要认真思虑，为自主创业打好基础。

（四）技术

对于创业者来说，在创业准备的时候，确实需要认真考虑，"我要做什么？我能够做什么？我要怎么做？"技术是将知识运用到实践中的手段、途径、工具或方法。企业之所以生存，是因为社会的需要，因为企业能够满足社会的需要。创业者就是要寻找能够满足社会需要的技术，并将技术应用到现实生活中，不断地去满足社会的需要。社会需要的技术，并不完全等同于科学家眼中的科学技术，社会需要的技术既是建立在科学基础上的技术，又必须是能够满足社会日常生活的实际需要的技术。创业者选择的应该是成长阶段的技术。对于创业者来说，应该以市场需要为选择技术的标准，要"开发能够卖得出去的产品"。

（五）资本

创业者应该在创业前就学会如何在非常有限的资源下作战，提早进行充足的准备和积累。创业资本通常来自以下渠道：自己的积蓄；向亲朋好友借款；以入股的方式募资；吸收风险投资；向银行借贷等。创业资金不一定一次募足，因为企业处于创业阶段时，资金永远都显得紧张。另外，对于创业者来说，最重要的是要抓紧时机，在有准备的情况下，时间是非常重要的。因此，当有了一定的启动资金后，就可以开始运作了。有些开始创业的小企业，在没有成立时就获得了客户的订单和预付款，这样自己只需要很少的创业资金就可以创建公司了，启动后可以再逐渐地吸收资金。

（六）市场

企业的存在是因为能够满足市场的需要，如果没有市场需求，新创的企业就没有生存的价值，自然也就不能生存。在竞争激烈的市场环境下，创业者如果不能开拓好并管理好市场，即便拥有最好的技术或比较雄厚的资金，也可能创业失败。当然，一个优秀的创业者，是肯定能够开拓市场并管理好市场的。很多人总在期待市场高潮的到来，但是对于创业者来说，更需要坚持的是"创造市场"的理念。

（七）社会关系

社会关系对创业者来说也十分重要。尤其是在当前市场经济条件下，良好的社会关系对创业者顺利完成创业活动将起到积极的促进作用。所谓的社会关系主要是指大学生作为创业者在自己工作、学习以及生活的空间内，通过交往而逐步形成的相对稳定的联系，对创业者从事创业活动有促进和影响的各种有利条件。创业者要在自己的生活范围内逐步形成一个相对稳定的关系网络，这个网络对于创业者来说，是一笔不可多得的财富。同时，作为创业者还要学会充分利用和调动这些有利因素，使其能最大限度地为创业活动提供援助，做好创业的有效保障。

二、大学生应具备的创业素质

在市场竞争日益激烈的今天，自主创业作为一种新的就业渠道，正在成为许多大学生实现自身人生价值的选择之一。大学生能否创业与其个人各方面的素质是息息相关的，意志品质、商业意识以及性格、气质、个性、爱好和特长等都会左右其在创业过程中的各种决策。创业素质准备一般包括心理准备、知识准备和能力准备等。

（一）大学生创业应具备的心理准备

现在市场竞争日益加剧，对创业者的各种挑战越来越大，这就要求创业者有较强的心理素质。良好的心理素质是坚忍不拔、沉着冷静；是心胸豁达、富有感召力；是机智果敢、反应敏锐。成功的创业者一般具备以下心理素质：

1. 自信自立

不管周围的人怎么说，只要自己下了决心，无论遇到什么困难也坚持干下去，坚信自己一定能成功。不管客观条件如何、不管经过多少磨难，始终把成功的可能性建立在自己身上，按照自己的理想发挥无限的生命力和创造力。

2. 富有挑战精神

乐于接受挑战，但并不盲目冒险，喜欢发挥自己最大的主观能动性，从克服困难中获得无穷乐趣。

3. 富有责任感

如果失败或出现问题，不推卸责任、不把责任转嫁他人，即使是部下的原因，也主动承担自己在管理方面的责任。先从自己身上找原因，能这样考虑才是真正的创业者，才能赢得周围人由衷的尊敬和信赖。

4. 善于团结协作

如果创业者和员工之间缺乏信任，那么创业就很难成功。如果遇到任何事情都优先考虑自己的利益，那么相互信赖关系就很难建立起来。如果公司的领导者和管理者只把员工看成干活挣钱、养家糊口的求生者，那么他也很难得到员工的信赖。

创业者应能以人为本，主动考虑为雇员、为社会能做些什么，形成热爱人、热爱社会的思维模式，因为所有的可能都会从这种思维模式中诞生出来。

5. 具有风险意识

大学生创业要有承担风险的勇气，做好应对各种困难的思想准备。因为大学生创业除了在资金、社会经验等方面有先天不足外，还常常会因缺乏基本的理财技能、推销意识和沟通技巧而陷入困境。市场时时刻刻都有风险，却永远也不会有人来及时提醒风险在哪里。创业者随时会面临像过山车一样起伏跌宕的生活，随时可能遭遇明知不可为却不得不为的绝境。因此，风险意识显得特别重要，没有坚强的心理品质和风险意识，创业的路可能不会走得长远。

（二）大学生创业应具备的知识准备

决定创业是个人职业生涯中的一个重要转折点。大学生初次走进市场经济的浪潮中，是否能够成为弄潮的能手，关键还在于大学生自己所具备的知识和能力。作为创业者，应该具有扎实的专业知识、商业知识、管理知识和相关的法律知识等。

1. 专业知识

对于有意从事科技创业的大学生来说，深厚的专业知识功底是非常重要的。在科技信息飞速发展的社会，如果不能在所涉足的行业中占据先机，夺得领先地位，如果不在技术上超越对手，不甘落后，最终可能被市场无情地淘汰。创业企业要生存，产品需要不断推陈出新，对于创业企业而言，技术开发比传统企业更为重要，而这就需要深厚的专业知识积累。

2. 管理知识

一个初创的企业要想早日走上正轨并做大做强，或早或晚都要过"组织架构设计"这道关。组织架构设计中最根本的问题就是决策权限的分配。大学生初创企业中有不少是由几个要好的同学、朋友共同创办的，还有的带有家族企业色彩，这里就涉及决策权限分配的问题。没有一个有效的决策权限分配系统，上级不能有效地管理下级，这类企业在规模尚小时问题还不大，达到一定规模后效率则会变得极其低下，甚至会危及企业的生存。经验表明，组织架构设计对于企业经营管理的重要性，正如木桶上的一块木板，虽然不是唯一重要或者最重要的，却是不可或缺的。根据管理学原理，组织架构设计主要包括三个关键方面，即决策机制、激励机制、评估机制。决策权限分配、员工激励机制和业绩评估体系三者相互协调，是理想的组织架构设计，是初创企业在设计组织架构时值得参考的重要原则。

3. 营销管理知识

营销管理是指分析、规划、执行和控制各种方案，以便与目标市场的顾客建立和保持互惠交易以实现组织的目标。营销管理的实质是要制定一套从开发客户、提供服务到收款及售后服务的企业运作流程。例如，如何选择成本最低、成效最高的营销方法；如何找到可靠且成本低廉的供货商；如何提供成本最低却又能符合需求的产品与服务；怎样的收款流程最顺畅；如何降低呆账率化解风险；等等。创业者可先试着找出同业中谁效益最好，仔细观察其运作方式，然后根据自己企业的情况去调整这套运作模式，建立属于自己的营运制度。

4.资本和财务知识

技术和创新只有与商业和资本结合，完成研发和商品化，产生盈利才能获得成功，也才能获得经济利益的回报。企业无论在哪个阶段都会遇到缺少资金的艰难境地，即便是对于创业精神最充沛、政府管制最少、风险资本供应最充分的国外创业者也是如此。因此，启动资金和后续资金的充沛与否已成为创业者成败的关键因素，大学生要想创业就必须具备一定的资本常识。此外，创业者还要充分了解经营状况，最好要掌握一些账目管理的基本知识，如实记录收入支出、进货销货以及成本核算等。长此以往，这将有利于创业者对于未来可能的利润和收支平衡点做到心中有数，并对降低生产成本、保税、调整经营方向等起到参考作用。

5.法律知识

比尔·盖茨获得成功的一个鲜为人知的原因是其父在法律事务方面的支持。微软公司成功创业的事实也再一次表明了企业的运作脱离不了法律的约束。市场的竞争有着完善的"游戏规则"，了解这些规则有助于创业者在市场大潮中游刃有余。签合同、谈合作，这些都是做学生时想不到但在创业时不得不面对的问题。面对合作和发展的机会，这有可能是一次机遇，亦有可能是一次考验。掌握基本的法律知识，有利于避开企业发展中的"陷阱"。

（三）大学生创业应具备的能力准备

能力是指人们顺利完成某种活动所必需的个性心理特征。能力一般包括一般能力和特殊能力。一般能力即智力，是指以思维能力为核心，包括观察力、记忆力、想象力和注意力等多种能力要素的有机结合。特殊能力也叫专业能力，如写作能力、绘画能力、市场营销能力等均属特殊能力。经营管理能力属于专业能力，是保证创业获得成功的主要因素，包括开拓进取能力、善于学习能力、团结协作能力、创新能力、把握商机能力等。

1. 开拓进取能力

永不满足、不断突破自我是创业者最基本的也是最核心的人格素质。强烈的进取心，既是创业能力、经营能力形成的基础，也是构成现代企业家综合素质的基本要素。企业家素质应该包含以下内容："一高""二强""三多""四稳"。"一高"是境界高；"二强"指欲望强、耐力强；"三多"是多才、多艺、多兴趣；"四稳"是原则稳固、方向稳当、作风稳健、情绪稳定。具有极强的生存意识，胸怀必胜的信念，敢于拼搏，奋勇向前，从而创造出自己所期望的价值，是创业者最为可贵的品质与能力。

2. 善于学习能力

知识经济时代，科学技术突飞猛进，企业环境复杂多变。在这样一个日新月异、难以把握的时代，创业者要想把工作做好，就必须有好学的精神，要善于学习，如学习经营管理知识、学习科学技术知识，学习社会学、心理学、经济学等一系列相关学科的知识。同时，还要善于从自己及别人的成功和失败中吸取经验教训。只有这样才能跟得上时代的步伐，以系统的思路、全新的理念去经营好企业。

3. 团结协作能力

当前市场竞争激烈，自主创业"万事开头难"，要处理的事情面广量多，压力大，靠一个人的力量很难有效地处理各类问题。因此，优势互补的团队是自主创业的基础。有了优势互补的创业团队，既能有效进行技术创新与经济管理，又能保证创业团队形成最大的合力，从而在市场竞争中取胜，达到企业所追求的目标，推动企业向前发展，取得创业成功。另外，员工的职业素养和向心力如何，也是企业成长的关键。

4.创新能力

创新是知识经济时代保证企业可持续发展的源泉之一。创业者只有不断创新才能使企业在未来市场竞争中占有一席之地。这种创新包括：

（1）能及时适应市场变化，调整经营方向，不断推出能满足消费者潜在需求的新产品、新服务项目，使企业在竞争中处于领先地位。

（2）能动员全体员工积极创新，做员工创新的倡导者、激励者、协调者和组织者。

（3）能将观念创新和理论创新推行到企业组织及管理领域内，以形成一种创新的组织文化，推动企业的全面创新。

5.把握商机能力

什么是商机？能够满足一种需要或是能够增加满足的需要都可能是商机，它只会在某一个特定的阶段出现，稍纵即逝。问题是如何把握商机，把握商机需要独具慧眼，即看到事物表象之下潜在的需求或市场。创意也能带来商机，创意就是跟需求有关的想法。真正的创意已经不单是对产品自身的创意，而是渗透在满足需求的各个环节，包括产品的生产以及产品的完善。

三、大学生的一般创业过程

（一）确定目标

大学生在创业时确定创业目标，把握商机，是走向事业成功的起点和关键。一个好的创业项目应该有新意，而且有明确的前景目标。创业目标的确定应该基于对创业项目的调查和分析，对创业项目的风险也应该有清醒的分析和认识。

1.需要明确创业目标

明确创业目标需要回答以下几个问题：

（1）你要解决什么问题或满足什么需求。

（2）目标客户是谁：清晰界定主要的客户群体及其特征。

（3）提供什么样的产品或服务：详细描述核心的产品或服务

内容。

（4）期望达到什么样的市场规模和地位：比如市场占有率、行业影响力等方面的目标。

（5）盈利模式是什么：如何通过业务实现可持续的收入和利润。

（6）长期发展愿景是什么：对企业未来的发展方向和最终形态有怎样的构想。

（7）如何在竞争中脱颖而出：明确自身的竞争优势和独特卖点。

（8）需要哪些关键资源和能力：包括资金、技术、人才等方面。

（9）在什么时间节点达成什么阶段性目标：设定合理的短期、中期和长期目标及时间表。

2. 创业项目分析

虽然已经考虑和写下了自己创办企业的构想，但是还需要对它进行分析，进一步了解其可行性和风险。作为创业者需要知道项目是否能使自己的企业具有竞争力和盈利。企业以营利为基本目的，而企业利润＝销售－成本。企业要成功，首先销售要成功，也就是说先要做好市场（这基本是外部的），其次要控制成本（这个是内部的）。

3. 制订行动计划

创业者从灵感触发构想，到进一步明确自己的想法，再到进行SWOT分析，以及各种风险预测和对策，可以说是绞尽脑汁，付出千辛万苦，但是还要做一下全面的回顾和总结。问自己几个问题：是否有克服不了的困难？是否有规避不了的风险？将自己的想法同一位经验丰富的老师或长者进行交流，征求他人的意见，然后制订切实可行的行动计划。如果坚信自己的想法是周全的，而且老师或长者的态度也是鼓励和支持，那么就应大胆地开展创业实践。

（二）制订创业计划

创业计划书是指创业者在创业初期所编制的商业计划。创业初期，投资风险比较大，一般很难获得商业贷款或创业基金，风险投资商也对处于这一时期的企业投资非常小心。因此，这个时期需要编制大量的创业期文书，用于说服别人，规范自己。换言之，创业计划书就是指明计划的投资价值所在，解释是什么（What）、为什么（Why）和怎么样（How）的一种商务文书。

1. 为何要拟订创业计划书

俗话说："凡事预则立，不预则废""没有创业计划就无法融资"，这是被广泛证实的事实。从某种意义上讲，创业计划书是一件艺术品，它是公司形象与个性的象征。在创业之初，当征询潜在的投资者，或者向银行申请贷款，或者准备聘用高层管理人员，或者准备同某一供应商建立长期往来关系时，对方都会要求创业者提供创业计划。这个时候，创业者必须拿出事先准备好的创业计划，这样才能有效地宣传自己并节省宝贵时间，进而提高工作效率。

2. 创业计划书的作用

创业计划书的作用是不断发展的，现今它已经由单纯的面向投资者转变为企业向外部推销宣传自己的工具和企业加强管理的依据，它的作用主要体现在以下三方面。

（1）明确方向，帮助创业者清晰梳理创业思路、目标和策略。一个酝酿中的项目往往很模糊，可以通过制订创业计划书，把正反理由都写下来，然后再逐步推进。这样创业者就能对这一项目有更清晰的认识。编写创业计划书，可以使创业者整体把握创业思路、明确经营理念；可以帮助创业者有效管理企业并走向成功；可以宣传创业企业，并为融资提供良好的基础。创业计划书的编写过程就是创业者进一步明确自己的创业思路和经营理念的过程，也就是创业者从直观感受向理性运作过渡的过程。"计划的过程"才是最有意义的。

（2）作为行动指南，使创业者及其团队按照规划有序开展各项工作。编制成功的创业计划书是一份非常有意义的企业文献，它可以增加创业者的创业信心，因为创业计划载明了企业全部现状及发展方向。同时，创业计划又为企业提供了良好的效益评价体系及管理监控标准，使创业者在管理企业的过程中对企业发展中的每一步都能做出客观的评价，及时根据具体的经营情况调整经营目标、完善管理办法。此外，创业计划还可以激励管理者及公司员工，让企业的每一位成员了解本企业的发展战略和创业计划,并朝着同一个目标努力。

（3）吸引投资,向潜在投资者展示项目的前景、可行性和潜力,增加获得资金支持的机会。如同推销人员参加商品展览会、公司总经理参加高层会议一样,书面的创业计划是创业企业的形象,是企业对外宣传的重要工具。其作用主要表现在以下几个方面:

一是寻求风险投资。风险投资商都要求筹资企业在融资过程中提供创业计划,风险投资商根据创业计划对企业进行筛选,选择他们认为最有发展潜力的企业进行投资。

二是寻求战略合作伙伴和签订大规模的合同。对于创业公司来讲,获得战略同盟就意味着有了获得资金、市场以及其他领域的重要渠道。一般来讲,作为一个大企业在吸收一个小企业作为其战略性伙伴之前,都要详细阅读该企业的创业计划。同时,创业企业在向大企业承接大的业务的时候,大企业的管理者一般也要求创业企业提供创业计划。

三是吸引高级管理人员。创业企业在招聘高级管理人员的时候,往往也需要创业计划。因为对于创业企业来讲,招聘管理人员实际上是双向选择的过程:公司想招聘到优秀的高级管理人才,应聘者也想知道在新的公司里自己能否发挥自己的才能,能否有所发展。

四是获得银行资助。银行一般只要求贷款企业提供过去和目前的财务报表。但由于资金的需求大大超过资金的供给,只提供财务报表是不够的,贷款企业必须提供有前景的创业计划,创业计划可以使本企业与众不同。尽管银行不要求贷款申请人提供企业创业计划,但是申请贷款企业提供创业计划会增大获得贷款的可能性。因为银行会认为这些创业者更注重避免风险,从而也就更有资格获得贷款。

3. 创业计划书的基本类型

创业计划书没有固定的格式。为实现不同的目的,应该采用不同的方法编写创业计划书,同时突出不同的侧重点。在具体编写的过程中,创业者应根据具体案例调整结构,增删要素和议题,采用灵活多样的形式使创业计划更有效。以创业计划书的结构和篇幅来划分，可以将创业计划书分为略式创业计划书和详式创业计划书两大类。

（1）略式创业计划书（概括式）。略式创业计划书是一种比较简明、短小的计划，它包括企业的基本信息、发展方向，以及少部分的辅助性材料。一般来讲，略式创业计划书应适应于申请银行贷款、试探风险投资商的兴趣等情况。

（2）详式创业计划书（标准式）。详式创业计划书是标准的创业计划书。详式创业计划书一般篇幅较长，内容有三四十页，并附有一二十页的辅助性文件。在详式创业计划书中，创业者能够对整个创业思想有一个比较全面的阐述，尤其能够对计划中的关键部分进行较详细的论述。

4. 创业计划书的基本框架

创业计划书没有固定的格式，创业计划书的框架也有多种形式，下面以一种比较常见的创业计划框架为例来进行介绍。在实际编写过程中，编写人员可以根据具体情况进行取舍。

（1）封面和标题页。封面一定要明确写出创办企业的名称、地址、电话以及该计划通过的日期。标题页紧随封面之后，应该再次写明企业的名称和地址，同时还应写明创业者姓名、地址和电话号码。在上方一角，注明复印件号码与保密级别字样，并在封面或标题页下方注明保密声明。

（2）目录。目录包括按一定次序排列的各部分内容名称及其页码。

（3）正文。创业计划书的正文包括以下十大要素：

①执行纲要。这部分是计划的核心之一，它对计划的编写以及计划的最终效力起着重要的作用。

②企业概要及经营理念。创业计划必须提供企业的基本信息，如历史、现状以及实现目标的途径等。

③产品（或服务）介绍。在此应该描述企业的产品（或服务），以及它们的特殊性，产品（或服务）的构成是什么，价格如何，哪

一些服务是企业能够提供的，哪一些是不能提供的。

④生产制造计划（技术和工艺）。这一部分主要针对科技创业以及属于新兴高技术领域的创业企业，对产品的生产工艺流程以及技术路线，技术的创新性、独特性和可发展性等问题进行阐述。

⑤市场与竞争。市场的内容包括企业的行业分析、市场细分、目标市场的选择等，竞争的内容指对企业竞争环境、竞争对手的分析。

⑥营销策略计划。这一部分主要包括企业的销售策略、销售组合和促销手段等。

⑦企业管理计划。这一部分重点介绍企业的组织机构、管理方式以及主要管理人员。

⑧筹资方案。这一部分主要阐述创业企业的筹资渠道和方式以及具体操作办法。

⑨财务计划。这一部分主要包括企业的 5 年财务预测以及相应的财务指标。

⑩风险分析。这一部分提出企业未来可能遇到的风险以及避免和控制这些风险的手段和措施。

（4）附件。包括个人简历、推荐信、意向书、租赁契约、合同、法律文件以及其他与计划有关的文件。

（三）实施计划

有了良好的创业构想和设计周密的创业计划之后，就进入了资金筹措、场地寻址、工商注册、生产许可证申请等阶段，然后开展企业日常运作。

1. 资金筹措

我们都知道，创业必须要有足够的启动资金，没有足够的资金是无法创业的。一般来说，寻求亲朋好友的支持或是与一二位志同道合者共同投资创业是最基本的途径。另外，国家和地方政府也有对大学生创业的扶持性政策，要争取这样的政策性扶持资金。

2. 场地寻址

企业经营必须要有经营地点。对于刚刚创业的大学生来说，场地寻址是一项十分重要的工作。因为经营地点选择妥当，不仅能降低经营成本，而且对某些行业来说还是企业经营成功的关键所在。这里要考虑两个因素：经营地点的选择应有利于业务发展；严格控制场地租金费用。这两个因素有时是冲突的，好的经营地点，如繁华闹市，租金自然贵；而郊区租金虽然便宜，但对有些行业显然又严重影响业务发展，如名牌时装专卖店。因此，二者要平衡考虑，兼顾各方面的因素。

3. 工商注册

设立公司需具备《中华人民共和国公司法》规定的条件：一是股东或发起人符合法定人数；二是有限责任公司股东出资或股份有限公司发起人认购和社会公开募集的股本达到法定资本最低限额，股份有限公司股份发行、筹办事项符合法律规定；三是有符合规定要求的公司章程；四是有公司名称，建立符合要求的组织机构；五是有固定的生产经营场所和必要的生产经营条件。

4. 生产许可证申请

《中华人民共和国产品质量法》规定，产品生产者应对其生产的产品质量负责。国家对实行工业产品生产许可证制度的工业产品统一目录、统一审查要求、统一证书标志、统一监督管理。国家实行生产许可证制度的工业产品目录由国务院工业产品生产许可证主管部门会同国务院有关部门制定，并征求消费者协会和相关产品行业协会的意见，报国务院批准后向社会公布。

5. 企业日常管理

管理企业几乎每天都要做出决策。管理者不仅要关注外部环境，而且要监督企业的日常运营，识别任何影响企业日常运营的机会和威胁，并时刻注意那些影响企业的关键因素。这些关键因素因行业性质不同而变化。例如，对于时装专卖店来说，最新的服装款式是关键因素；而对于汽车修理铺，熟练的技术工人是关键因素。

（四）发展壮大

对于发展较好的初期创业者来说，完成了原始积累，有了一定规模之后，就有一个如何向更高层次过渡，再创辉煌的问题。一般来说，企业的发展壮大主要包括以下几个方面的内容。

1. 品牌和信誉

品牌作为一种无形资产，在当今产品同质化的情况下，其经营对于企业的成长与发展至关重要。在市场品牌竞争日趋激烈的情况下，企业实施品牌战略的重点，是进一步发展、壮大品牌，确保取得长久的品牌效益。

2. 企业规模和企业合作

所谓企业规模问题，就是指根据企业自身的条件、当时的经营状况以及经济环境来决定企业规模的问题。企业规模太大不行，太小也不好，盲目扩张会带来经营上的巨大风险，而规模太小则有成本高、技术含量低、过度竞争等弊端。总之，企业无论在战略上还是战术上，都必须把增强竞争能力、实现最优化的利润放在首位，做大还是做小都必须服从这一战略目标。另外，还要看到，在市场经济条件下，每个人、每个企业、每个地区都有自己的比较优势。因此，与相关企业合作，各自发挥自己的比较优势，双方互利共赢，这样不仅可以共同把市场份额做大，还便于规避进入自己并不熟悉的领域所带来的风险，成功找到自己的生存空间。

3. 企业文化

企业文化是公司能否拥有核心竞争力的根源。企业文化包括三个层面上的文化：产品文化、制度文化及价值文化。从某种意义上而言，企业文化虽然并不直接解决企业赚不赚钱的问题，却可以解决企业可持续发展的问题。企业文化的内涵是"以人为本"。企业更要通过一系列的激励机制，充分调动员工的积极性，把人的潜力发挥到极致，使追求企业发展与个人发展相一致。企业文化要靠制度来体现和烘托，靠氛围来影响，靠细节来体现，这是建立在制度之上的一种更高层次的管理。

第三节　大学生自主创业政策与法规

在创业之前，大学生除了要认真学好自己的专业，提高自身的创业能力，做好创业准备外，还必须懂得创业的政策和法规等，这些具体的实务知识也是创业者必备的。

一、大学生自主创业的优惠政策

为了鼓励大学生自主创业，近几年来，国务院办公厅及有关部门制定了一系列相关政策，鼓励毕业生通过各种渠道、各种形式就业，支持毕业生自主创业。

2022 年 2 月，国家发改委、教育部、工业和信息化部、人力资源和社会保障部、农业农村部、国资委、共青团中央、全国妇联等部门联合发布了《关于深入实施创业带动就业示范行动　力促高校毕业生创业就业的通知》（发改高技〔2022〕187 号）。2022 年 5 月，国务院办公厅下发了《关于进一步做好高校毕业生等青年就业创业工作的通知》（国办发〔2022〕13 号）。2023 年 11 月，教育部办公厅在下发的《关于开展 2024 届高校毕业生秋季校园招聘月系列活动的通知》（教学厅函〔2023〕19 号）中要求，在全国范围内组织开展高校毕业生就业创业政策宣传月活动，专门编发《普通高校学生自主创业政策公告》，重点宣传了党中央、国务院促进高校毕业生就业创业的部署要求，列举了中央在促进高校毕业生自主创业等方面出台的政策措施。大致内容如下：

（一）税收优惠政策

（1）持人社部门核发《就业创业证》的高校毕业生在毕业年度内创办个体工商户的，可按规定在 3 年内以每户每年 12000 元为限额（最高可上浮 20%，具体由各省、自治区、直辖市人民政府根据本地区实际情况确定）依次扣减其当年实际应缴纳的增值税、城市维护建设税、教育费附加、地方教育附加和个人所得税。

（2）对高校毕业生创办小微企业的，可按规定享受小微企业普惠性税费政策；创办个体工商户的，对其年应纳税所得额不超过100万元的部分，在现行优惠政策基础上减半征收个人所得税。

（二）担保贷款和贴息政策

（1）创业担保贷款和贴息支持。可在创业地申请创业担保贷款，最高贷款额度为20万元，对符合条件的个人合伙创业的，可根据合伙创业人数适当提高贷款额度，最高不超过总额的10%。对10万元及以下贷款、获得设区的市级以上荣誉的高校毕业生创业者免除反担保要求；对高校毕业生设立的符合条件的小微企业，最高贷款额度提高至300万元，财政按规定给予贴息。

（2）创业担保贷款申请程序。申请创业担保贷款贴息支持的个人和小微企业应向当地人力资源社会保障部门申请资格审核，通过资格审核的个人和小微企业，向当地创业担保贷款担保基金运营管理机构和经办银行提交担保和贷款申请，符合相关担保和贷款条件的，与经办银行签订创业担保贷款合同。

（三）资金扶持政策

（1）免收有关行政事业性收费。毕业2年以内的普通高校毕业生从事个体经营的，3年内免收管理类、登记类和证照类等有关行政事业性收费。

（2）给予一次性求职创业补贴。对在毕业学年有就业创业意愿并积极求职创业的低保家庭、贫困残疾人家庭、原建档立卡贫困家庭和特困人员中的高校毕业生，残疾及获得国家助学贷款的高校毕业生，给予一次性求职创业补贴。

（3）给予一次性创业补贴。对首次创办小微企业或从事个体经营，且所创办企业或个体工商户自工商登记注册之日起正常运营1年以上的离校2年内高校毕业生，试点给予一次性创业补贴。

（4）享受培训补贴。对大学生在毕业年度内参加创业培训的，按规定给予培训补贴。

（四）工商登记政策

简化注册登记手续：创办企业，只需填写"一张表格"，向"一个窗口"提交"一套材料",登记部门直接核发加载统一社会信用代码的营业执照,"多证合一"。

二、大学生自主创业的法规

(一)创办企业所需一般条件

(1)企业名称预先核准。企业名称应当符合《企业名称登记管理规定》的要求,不得与已登记注册的同行业企业名称相同或相似。企业名称应当由行政区划、字号、行业、组织形式依次组成。

(2)确定企业类型。根据企业的经营性质和规模,选择适合的企业类型,如有限责任公司、股份有限公司、个人独资企业、合伙企业等。

(3)确定注册资本。根据《公司法》的规定,有限责任公司的注册资本最低限额为人民币 3 万元,股份有限公司的注册资本最低限额为人民币 500 万元。实缴资本制度改为认缴资本制度,即股东可以约定在一定期限内缴足出资。

(4)确定经营范围。经营范围应当符合国家产业政策和法律法规的规定,不得包含法律、行政法规禁止的项目。

(5)确定企业住所。企业应当有固定的经营场所和必要的生产经营条件。

(6)制定公司章程。公司章程是公司组织和活动的基本准则,应当符合《中华人民共和国公司法》的规定。

(7)股东或发起人出资。股东或发起人应当按照公司章程的规定缴纳出资。

(8)办理工商登记。向企业所在地的工商行政管理部门申请设立登记,提交相关文件和材料。

(9)领取营业执照。经工商行政管理部门审核批准后,领取营业执照,企业正式成立。

(10)办理税务登记。在领取营业执照后,应当在规定时间内向税务机关办理税务登记。

(11)办理银行开户。选择银行开设企业基本账户。

（12）办理社会保险登记。根据《社会保险法》的规定，企业应当为员工办理社会保险登记。

（13）办理其他相关手续。根据企业性质和经营范围，可能还需要办理环保、消防、卫生等其他相关手续。

（二）创办企业的申办程序

1. 企业法人登记注册

企业法人是按照法定程序成立的，具有固定的组织机构，拥有独立资产，并能以自己的名义取得权利和承担义务的社会经济组织。

（1）法人组织必须具备以下条件：①按照法定程序成立，即经过上级业务主管部门审核批准；在工商行政管理部门申请注册登记，领取营业执照；在税务部门办理申报纳税手续。②具有固定的组织机构和活动场所。③拥有独立支配的财产或经费。④以自己的名义享受权利承担义务。⑤为维护自身合法权益有权向人民法院起诉。

（2）企业申请法人工商登记注册具备的条件：①名称、组织机构、章程。②固定的经营场所和必要的设施。③符合国家规定并与其生产经营和服务规模相适应的资金额和从业人员。④能够独立承担民事责任。⑤有健全的财务制度，能够独立经营，自负盈亏，独立编制资金平衡表或资产负债表。⑥符合国家法律、法规和政策规定的经营范围。企业办理法人登记，由该企业组建负责人申请。

（3）企业法人工商登记注册的内容：企业法人登记注册的内容包括企业法人名称、住所、法定代表人、企业类型、经营期限、注册资本。

（4）企业名称：①企业名称结构要完整。②企业名称应名副其实，反映所属行业或经营特点。③企业不得登记使用与已登记的企业名称相同或容易混同的名称。④挂"总公司"名称的企业，必须有所属"分公司"，反之亦然；除全国性公司和国家工商行政管理总局核准的以外，企业不得使用含"中国""中华"等字样的名称。

（5）注册资本：注册资本为企业法人独立占有，脱离其原所有者。当投资者按合同、协议投入认缴的资本金后，在企业法人存续期间，投资者除依法转让股权外，不得以任何形式抽回。

2. 工商登记

工商登记是国家对生产经营者所行使的管理职能之一，也是生产经营者确认自身合法地位的法律程序。大学生创业若想开办公司或企业从事生产经营活动，取得合法的经营资格，首先必须履行一定的注册登记手续，申请者应向所在地工商行政管理机关申请营业登记。申请者在提出工商登记时必须符合国家规定的条件，并按有关要求和内容进行工商登记。

3. 税务登记

《中华人民共和国税收征收管理法》规定：凡从事生产经营，实行独立经济核算，并经工商行政管理部门批准，领取营业执照的一切生产经营者，包括从事工业生产、交通运输、建筑安装、商业经营、服务业、娱乐业以及其他所有经营收入、收益的一切生产经营者都必须办理税务登记。

4. 个体工商户开业登记

个体工商户开业登记要经过申请、审查、审批、发照四个阶段。

（1）申请阶段。符合条件的申请人首先向户籍所在地工商行政管理所递交从事个体工商业的申请。申请书应写明姓名、性别、年龄、户籍所在地的家庭地址、申请生产经营的行业或商品。

（2）审查阶段。工商行政管理所根据申请人和开业申请登记表，首先审查申请人的从业资格、资金、设备、场地等经营条件及自报的经营范围、经营方式、字号名称等是否符合国家有关规定；检查有关证件的真实性、有效期；查验营业用房证明。

（3）审批阶段。县（区）级工商行政管理机关对工商行政管理所呈送的全部申请登记材料进行复审。复审认为符合开业条件的，由承办人在登记表上签署意见，经局长审定，并盖局长名章和公章。复审认为不符合开业条件的，要通知申请人。

（4）发照阶段。县（区）级工商管理行政机关对工商行政管理所呈报来的申请的各项条件复查认定合格的，批准其具有经营资格，可以发给营业执照。营业执照加盖县（区）级工商行政管理局的公章后，由工商行政管理所通知申请人领取营业执照。

5. 个体工商户经营注意事项

（1）目前个体、私营经济不得从事的行业主要有：邮电通信业、金融业、军工业、贵重稀缺和特优矿开采业；黄金业、化学危险品、污染严重的生产项目；特殊管理的药品、民用爆炸用品以及国家和当地政府限制经营的行业。

（2）不得从事违法经营活动。例如，投机诈骗、走私贩私；欺行霸市、哄抬物价、强买强卖；偷工减料、以次充好、缺尺少秤、掺杂使假；出售不符合卫生标准、有害人体健康的食品；生产或销售毒品、虚假商品、冒牌商品；出售反动、淫秽、盗版的书刊、画报、音像制品；从事法律和法规不允许的其他生产经营活动。

（3）验照及其有关规定。验照是指工商行政管理部门对个体工商户与私营企业登记项目和实际经营情况进行核对查验，全面检查个体工商户和私营企业的生产经营情况，及时发现和纠正生产经营中的问题，保护合法经营，制止违法经营。

第三章　大学生职业教育问题研究

目前，我国高校在读学生人数与毕业生人数每年都在大幅度地增加。随着社会的快速发展，对人才的需求也在不断提升，导致就业竞争压力逐年增大。大学生作为高校职业生涯规划教育的主体，应培养主动学习的意识，树立正确面对现实的就业观、择业观，积极规划自己的现在和未来。高校应唤醒大学生的自主规划意识，提高大学生的规划能力，组织开展与实施具体的职业生涯规划教育。当每个人告别大学校园踏入社会时都会产生不安与迷茫的情绪，这是没有做好进入社会工作岗位准备的正常反应。如果解决得好，毕业生就能快速地适应角色的转变，顺利进入工作岗位；如果解决不好，就会出现一系列的问题，有的问题甚至会影响学生的一生。职业生涯规划教育就是引导与帮助学生转变心态、明确目标，做好进入社会工作岗位的准备。因此，对高校大学生职业生涯规划教育开展研究具有一定的现实意义。

第一节　大学生职业规划教育的现状

一、职业规划教育的开端

中国大学生职业生涯规划教育受到国内就业制度和政治、经济、文化因素的严重限制，同时也受到国外特别是美国职业生涯规划理论的影响，表现出早兴起、长时间中断、复兴后发展速度较快等特点。

（一）早期的开端

职业生涯规划教育开始于 20 世纪早期的职业指导教育。在欧美等西方国家的职业规划教育影响下，我国的职业规划指导教育于 20 世纪初开始兴起。1916 年，清华大学校长周诒春教授第一个将心理评估的方式应用在学生职业规划上，并设置"生涯规划"相关的辅导课程。1920 年，中华职业教育社成立了职业指导部，从国家职业指导教育的理论和经验开始，结合中国实际进行了一系列理论和实践的摸索，推动"无业者有业，有业者乐业"。自此职业生涯规划教育以就业指导的方式在我国悄然兴起。

（二）中断后的再次兴起

20 世纪三四十年代，由于连绵的战乱造成的社会动荡等原因，导致我国的就业指导研究和实践迫使停止，职业生涯规划教育没有按正常轨迹成长运行。新中国成立后，由于社会性质及经济发展情况等因素，我国高校学生的就业一直走"国家统一分配"的路线。高校职业生涯规划教育呈现空白状态，大学生没有自由选择职业的概念，更没有职业生涯规划的意识。

20 世纪 80 年代，中国的经济结构发生了巨大变化，职业辅导再次兴起。在这一时期，大量的书刊文集接踵而至，由中华职业教育社编印的《职业辅导》史料文集成为我国职业指导教育恢复的代表。进入 90 年代，随着我国社会经济体制改革的不断深入，国家颁布了多项有关人事劳动政策和规章制度。大学毕业生就业制度的改革为求职者和招聘单位的双向选择创造了土壤。经济的迅猛发展、社会进步和广大劳动人民与就业青年的个性化需求，使得职业生涯规划教育遇到了前所未有的发展良机。

（三）新世纪后的全面兴起

20 世纪末 21 世纪初，我国高等教育开始从精英化教育走向大众化教育。巨大的就业压力使高校越来越看重大学生职业生涯教育，开始引进和推广国外前沿的理论和做法，并建立专门的教育指导机构。2000 年，北京市学联等机构发起在北京大学、清华大学、中国人民大学等 8 所首都高校举行的"2000 年大学生职业生涯规划"活动，受到广大学生的欢迎，标志着现代意义上的大学生职业生涯规划教育正式兴起。

二、目前中国高校大学生职业生涯规划教育的具体方式

（一）设立大学生职业生涯规划教育相关课程

据了解，目前我国部分高校将职业生涯规划列为必修课程，并且根据大学不同阶段的特点进行课程安排，不同的年级传授不同的知识技能，以职业规划启蒙为起点开展指导教学。另外，一些高校虽然将职业生涯规划教育设为选修课，但是正计划将其规划为必修课进行教学。还有部分学校是将其作为选修课在个别专业进行试点教学。在大学生职业生涯规划教育的课程设置及选择对象上，大多数高校仍停留在阶段式教育层面，工作重点是大一新生和应届毕业生，仅停留在指导大一新生快速适应大学生活以及对应届毕业生进行初步就业教育的初级层面上，并没有系统化的职业生涯规划教育，且仍有一小部分大学还未正式开展职业生涯规划的相关教育，但其校方表示在其他课程中渗透到了相关的知识技能。

（二）开展大学生职业生涯规划教育的相关实践活动

大部分高校已开展长期的相关职业生涯规划实践教育活动，比如举行大学生职业生涯规划大赛，并将其作为常态化的项目举办，鼓励学生参加，选派成绩优秀的个人或团队进入省级参赛；与相关企业等社会机构组成联盟，定期开展企业职业生涯规划主题宣讲会；在校园网上开设专题专栏；建立创业创新园并开展相应的创业实践活动；提供职业规划咨询，帮助学生初步完成个人的职业生涯规划等。另外，从调查中可以看出，侧重于应用技能的专科院校则会提供更多的实习机会，相对来说，他们的职业规划理论指导会少些。

（三）开始培养从事职业生涯规划教育的师资力量

只有少量大学拥有一支由就业指导专业的老师或取得相关专业资格的指导员组成的教师队伍来为在校学生进行职业规划指导服务，而大部分高校相应的师资力量都比较薄弱，很难支撑起庞大的职业生涯规划教育体系，也没有能力更加积极地组织更多有利于大学生

职业生涯规划的实践活动。

我国高校从事大学生职业生涯规划教育的专业指导教师在数量上难以与在校学生形成人数合适的比例，专业的职业生涯规划指导教师要具备多种相关的专业知识，如心理学、人力资源学、社会科学等。目前，国内各高校具有此类专业背景的指导教师资源有很大的缺口，现任的指导教师多数由主管学生工作的党委副书记、辅导员等兼任，虽然有着丰富的学生工作经验，但是其专业化程度不高、缺乏专业的培训，他们仅局限于就业政策宣讲，然而仅凭几次就业宣讲是无法引导学生对自身有一个合适的定位，无法指导学生对职业有一个合理清楚的认识，也不能使学生根据自身的特点和兴趣爱好作出正确合理的职业生涯规划。大学生对其自身职业生涯规划的意识淡薄，也不重视其职业生涯规划，从而致使大部分应届毕业生在择业时十分盲目与被动，经常拿着简历毫无目的地乱投。这表明中国的职业生涯规划教育服务还很稚嫩，职业生涯规划教育服务还未完善，职业生涯规划教育服务还未成熟起来。

三、大学生职业规划教育存在的问题

（一）课程设立不规范

大学生职业生涯规划教育应是一个连续的、持久的过程。目前，中国多数高校已经开设了大学生职业规划指导课程。欧美等西方国家的高校职业生涯规划教育是贯穿于学生整个大学学习生活的，而中国职业生涯教育课程由于起步时间较短，大众对职业生涯规划教育的认识还处于萌芽阶段。有的高校把职业生涯规划等同于就业前的集中培训，缺乏统筹规划，重视现在、看轻未来、看重结果、忽视过程，轻视了整个大学过程中职业生涯规划的教育，导致大量相关课程集中在大四才开始，许多大学生在将要毕业的时候才认识到自己这方面知识和能力的缺失。严重落后的大学生职业生涯规划使同学们错过了规划的黄金时期，这种临时的教育只能让学生在表面上理解职业生涯规划，没有认识到其内在底蕴，没有在学习期间树立正确的人生观、职业观，也未进行个人职业生涯设计，影响今后

的生活。部分高校只对应届生设立就业生涯规划课程，内容单调，课程顺序混乱，未把大学生职业生涯规划教育当作一个系统工程来组织和实施，大多关注就业形势剖析，大学生仅片面地了解职业选择和规划的相关知识，就业能力培养不足，进而从而导致大学生后劲不足，影响就业。由于时间安排不合理、课程内容不实用，职业生涯规划形同虚设，几乎无法对学生产生积极的影响。甚至还有个别高校还未开展职业生涯规划的指导工作，职业生涯规划课程也未进入教学系统，教育理念无法渗入学校教育中。全方位多角度的职业生涯规划教育应贯穿于大学教育中，且作为一项长期可持续的工程进行实施。

不健全的高校职业生涯规划教育体系势必影响大学生对职业生涯规划内涵的正确理解，确立了自身职业生涯规划不等于就确定了以后从事的职业，职业生涯规划的内容也包括职业的要求。另外，大学生的职业生涯规划实施越早越好。如果存在大一、大二的时候就进行职业规划还为时过早，许多不可知的因素还很多等思想，那么，我们的学生就输在了职业生涯的起跑线上。2007年，教育部办公厅下发了《大学生职业发展与就业指导课程教学要求》，要求职业发展与就业指导课程作为必修课，贯穿学生整个大学四年的学习生活中。但是，实际所取得的效果却远低于预期。

高校大学生为了在毕业时能找到称心的工作，在学习上没有针对性，到处考各种有用无用的证书，俨然成了高校里的"考证族"，而没有结合自身的特点和优势以及毕业想从事的工作的发展前景来规划自己的职业生涯，使得许多宝贵的时间被浪费掉了。一些学生为了获得将来心仪的公司的青睐，盲目听从他人建议，仅仅学习几科相关的技术课程，盲目考取各种职业资格证书，却忽视对自身综合素养的培养，形成了为了就业而就业的狭隘的就业观。大学生活中，不同阶段的学习任务、目标以及就业准备情况不尽相同，因此不同时期的职业生涯规划教育应该有相对应的侧重点。

（二）教学方式单一，缺乏针对性

目前，高校开展大学生职业生涯规划教育中普遍存在一个问题，即没有建立科学而完善的职业生涯规划教育体系。我国高校对职业生涯规划教育多以大班集中授课的形式实施，主要采用教师"满堂灌"式的单项教学方式，缺少互动和个性化辅导。单纯的教师讲授，学生参与性不强。宋慧敏老师曾进行过一个调查，针对"教师授课时所针对的专业"这一问题，37.9%的同学认为所针对的专业是"大学所有专业"，32.2%认为是"大学主要专业"，只有14.6%认为是"本学校专业"，其余15.3%认为是"本学校部分专业"。大学生职业生涯规划教育面临一个用标准化的流程创造个性化产品的两难问题。我国高校进行职业生涯规划教育的同时，应以充分满足学生需要为前提，不应盲目开设新课程，而应该先调查学生的需求情况，根据学生的不同特点进行有针对性的个性化职业生涯规划指导。目前，我国高校对于一对一的职业生涯规划教育还需要相当长一段时间的摸索与探究，不同阶段、不同个体应配备个性化的职业生涯规划指导教学体系。

由于师资的不足与大学生数量的与日俱增，高校在职业生涯规划指导教育中很难做到因材施教，因地制宜。另外，对一些特殊群体，如贫困生、心理不太健全的学生更是不能及时准确地给予帮助和辅导。我国高校的职业生涯规划教育工作没能形成一个合理健全的体系，就业指导过于标准化，不能适应学生的个性化需求。每位大学生都是相对独立的个体，具有相对独立的成长背景、经历、事物认知、情感和风格。采取统一标准化的职业生涯规划服务措施，不能也不可能满足我国高校大学生的职业生涯规划需求。目前，我国高等院校很少根据学生的个性特征对其进行专业的教育指导，内容基本上是大学生共同关心的话题和就业中可能出现的问题，一般都是泛泛而谈，具有大众化的特点。疲于考核的就业指导部门对于大量学生只能采用统一标准化的措施，即采用一个模式或一个流程培养出标准化产品。我国高校在进行职业生涯规划教育的同时，当务之急是要以满足学生的需要为前提，不能盲目开设新课程，而是应该先对大学生的需求情况进行合理调查，再在调查的基础上进行完善的职业生涯规划教育。

（三）社会实践活动不足

大学生职业生涯规划课程是一门实践性很强的课程。据了解，目前仍然有少数高校没有提供必要的教室、场地、课时和服务网络支撑大学生职业生涯规划教育工作的开展，现有的教师资源无法承担个性化的学生实践需求的重任，这就使得大学生职业生涯规划教育缺乏针对性和常态化的指导体系，不能有效实施开设职业生涯规划课程的目的和意义，进而削弱对学生从"学校人"向"社会人"的转化与过渡。

（四）教师队伍人才匮乏

我国高校大学生的职业生涯规划教育环节比较薄弱，从事职业生涯规划教育的教师队伍比较匮乏。根据教育部规定，就业指导专职教师和在校大学生的人数比例为1∶500，但目前相当数量的高校严重缺乏职业生涯规划课程的专职教师。现有的就业指导教师多数有在学生管理领域工作的经验，虽然熟悉学生的情况，有一定的实践经验，但是在专业知识、专业技能方面的理论不足，导致教学质量不能达到相应的要求。服务于高校大学生职业生涯规划的专业人员在数量和专业化程度上都处于一个偏低的水平，配备一支有一定数量的专业化、高水平的教师队伍，对提高大学生职业生涯的成功率，推进大学生职业生涯规划教育工作的开展有着非凡的意义。反之，各高校如果不能正确定位大学生职业生涯规划教育，那么大学生职业生涯规划的能力就会受到限制，同时也会影响高校的综合教学质量。

四、大学生职业生涯规划教育存在的问题

（一）高校重视程度和学生认识程度不够

一方面，高校对大学生职业生涯规划教育的重视程度不够。从前面论述的高校大学生职业生涯规划教育存在的问题中可以看出，目前我国高校职业生涯规划教育正处在探索的阶段。大部分高校对大学生职业生涯规划教育体系的构建与探索进展缓慢。一些高校为了获得更高的就业率，只针对毕业生开设短期的就业指导课，课时

安排得很少，课堂中也仅仅传授一些求职和简历制作方面的技巧，并不是真正意义上的大学生职业生涯规划教育。更有甚者，把上课时间安排在周末或非正常上课时间段，不能保证正常的教学效果。有的学校虽然足够重视职业生涯规划教育，但是由于先天优势不足，不能形成合理有效的教育体系。

另一方面，大学生对职业生涯规划的本质认识不清楚。由新浪教育网、北森测评网以及《中国大学生就业》杂志联合开展的"大学生职业生涯规划"问卷调查结果显示，有12％的大学生清楚自己的个性、兴趣和能力；18％的大学生知道自己职业发展的优劣势；只有16％的大学生对自己的职业喜好有明确的界定。这充分说明，大学生对自身职业生涯规划的认识比较模糊。从2020年起，"00后"成为我国高校大学生的主体参与到社会活动中，他们个性鲜明、行为独立、思想前卫，成长的环境和年代与以往大学生有较大差异，与传统学生有着迥然不同的人生观和价值观。从调查结果看，大学生对于自身职业生涯规划的判断具有不明确性，这表明大学生对职业生涯规划的含义还不是很清楚，对自己及环境缺乏客观地分析和评价，对职业生涯规划的认识程度不够。

（二）将职业生涯规划教育工作等同于就业指导

中国高校引进职业生涯规划理念、开展职业生涯规划教育的时间不长，系统化、本土化的职业生涯规划理论体系还没有形成。此外，对职业生涯规划的不全面和不准确认识，使得我国高校把职业生涯规划等同于就业指导。

职业生涯规划教育的本质是"帮助求职者成功就业、稳定就业、规划职业和用人单位合理选材提供咨询、指导的过程"。而就业指导的意义是使求职者获得高效的就业咨询和帮助，它只是职业规划工作的一方面。然而，在现实生活中，很多高校把职业规划教育等同于就业指导。在这种理念影响下，这些高校的职业规划指导工作不能有效地开展，比如仅停留在为学生办理就业手续、提供就业供求信息和政策指导说明等事务性的工作层面上，学生也就缺乏正规有效的职业生涯规划指导。许多学生由于缺少对职业的研究和对自我认知的指导教育，单方面认为职业生涯规划就是找工作，部分高校甚至把职业生涯规划指导等同于就业前的集中培训。虽然开设了职业生涯规划的具体课程，但因为课程设置单调，过于着重就业政策的讲解、就业形势的解析，所以这些课程具有很强的就业指导痕迹。此外，部分高校仅针对毕业生开展就业指导和服务工作，却忽略了低年级学生的职业生涯规划素质培养，导致大部分在校学生没有接受过系统、全面的职业指导，对学生就业求职和职业发展帮助很小。

（三）没有开展必要的人才素质测评

高校大学生职业生涯规划教育除了常规的教育课程、知识讲座等培训方式外，行之有效的措施之一就是进行职业素质测评。首先，此类测评可以帮助大学生更深入地了解自身的人生观、价值观、能力水平、兴趣爱好等，从而摆脱主观意向，根据测评中反映的问题和有待提高的方面来制定科学的自我发展和职业生涯规划，进而逐步实现自我的最终职业理想，赢在职场起跑线上。其次，通过测评能让广大学生认清自己的基本素质和能力，发现自身存在的优势和不足，根据反馈的结果进行有针对性的教育培训，在各类实践活动中取长补短，更好地全面完善自我。可见，职业素质测评是职业生涯规划教育中不可或缺的一部分，科学测评的反馈为具体的职业生涯规划教育工作提供了宝贵的数据。

（四）当前高校人才评测及职业生涯规划存在的问题

从高校方面来看：（1）高校对于职业生涯规划的辅导重视不够。高校的职业指导人员匮乏，日常事务性工作繁重，无法落实针对大学生开展职业生涯规划的辅导工作。（2）专业职业指导人员短缺。目前从事职业指导工作的教师多是由从事学生工作的教师借调、转岗的，缺乏实际经验及专业知识，不能满足工作需要的增长。（3）高校开始进行职业指导的时间较晚。职业生涯规划是一个持续不断的过程，但某些学校仅仅对大三学生设立职业生涯规划相关课程、对应届毕业生设立就业指导课程，而且大多是宣传政策、办理手续等事务性方面的内容，并未针对职业生涯规划进行辅导。

从学生方面来看：（1）部分大学生因为没有明确的就业方向，

缺乏对社会就业形势的清晰认识，使得大学生对职业生涯规划也持怀疑态度，部分学生认为人才评测仅仅是一个任务，职业生涯规划也只是一份作业，只要写完了作业就算完成任务，没有仔细想过自己是否需要职业生涯规划。（2）大学生缺乏个人认识和个人理想。学生升入大学后，尤其在大一，没有了高中时的束缚，不知道自己需要什么，容易迷失自己，对于个人职业生涯的规划不知所措。

（五）师资队伍培养进程缓慢

目前，高校从事职业生涯规划教育的教师不仅数量少，而且专业知识、实践教学能力相对较弱。高等学校是教育系统中学生面临择业和就业的重要阶段，它不仅要为学生未来从事各类职业，储备各类知识和技能，还要帮助大学生规划职业发展、培养职业能力、选择理想职业等，进而使个人、学校和社会和谐发展。可以说，在高校培养社会所需人才的进程中，职业生涯规划教育师资水平的高低对大学生合理规划人生、实现职业理想等影响重大。

造成职业生涯规划教育师资培养的滞后有几方面原因：一是整个职业教育师资结构不合理导致我国职业生涯规划教育整体水平不高，不能很好地适应社会的快速发展；二是高校缺乏对职业生涯规划教育的重视造成资金投入不足，只关注于职业指导教师的职前教育，而在一定程度上忽视了职业指导教师的在职研修；三是我国职业教育师资培养课程的设置偏重基础理论知识的学习，较少关注职业指导教师在实践指导能力方面的培养。

第二节　发达国家和地区大学生职业规划教育的经验借鉴

职业规划教育是高等学校教育的重要组成部分之一。发达国家对职业规划教育的高度重视和其个性化、专业化、全程化及完善的实践措施对我国高校加强大学生职业生涯规划教育具有有益的借鉴意义。理性分析我国各大高校职业规划教育现状和学习发达国家职业规划教育的健康快速发展，是高校和政府当前亟须关注的重要课题。

一、美国的大学生职业规划教育

美国学校职业教育开始于中小学阶段，贯穿小学、中学和大学的各个阶段。美国高校极为重视学生的职业生涯规划教育，经费投入充足，引进先进的设备，提供丰富的信息与资料，为学生和用人单位提供全面而完善的服务。美国学校职业生涯规划教育主要涉及职业性质、经济收入、发展前途、就业的难易程度、择业的准则和技巧、学生职业兴趣的测定与调查等方面。形式包括讲座、报告、心理测试、模拟实验和咨询服务等，通过计算机来收集、处理和发布信息。美国高校职业生涯规划教育贯穿整个大学生涯，涉及的对象不仅包括全体在校学生，还包括毕业生校友。

除此之外，美国学校职业生涯教育具有素质高、数量足的职业生涯规划教育专业人员队伍，确保每位学生都能获得一对一的指导服务。此项服务贯穿教育的全过程，不同年级拥有特定的内容。例如，杜克大学在入学初期就对大学新生提供职业规划的各种前期职业指导，学生可通过职业咨询师的指导了解不同的专业领域并做出理智的职业选择。此外，他们还充分了解学生的兴趣、爱好、价值观和事业观，使学生能在今后的两三年内有针对性地享受包括自我职业目标与选择的相关课程、各种社团和俱乐部、兼职工作和实习机会等方面的服务。对于面临毕业的学生，他们还帮助其设计简历、自我包装以及传授面试技巧等。纽约州立大学服务中心与2000多个就业机构合作，目的是为在校生提供兼职工作、志愿者工作和实习的机会。大学内各个学院的职业生涯规划指导服务中心均各司其职，例如公共环境事业学院通过与政府、非营利组织以及私企之间合作为学生提供丰富而全面的职业发展机会。麦吉尔大学自1995年起即已设立了职业生涯规划导师项目。职业生涯规划导师均由本校毕业生校友兼任，导师和学生之间是亲密伙伴关系，这使得导师与学生可以不定期地见面。这些事业上有所成就的校友可为学生提供就业指导信息。美国高校组织开展企业介绍会、宣讲会等活动，邀请校友或企业雇主来校开展职业介绍和咨询，以配合职业生涯规划教育的开展并帮助学生提高就业核心竞争力。美国政府、各大中小企业等社会各界十分关心学生的职业生涯发展教育。与此同时，政府还支持并鼓励学校开展职业生涯规划教育，劳工部网站提供及时而丰富的职业信息和职业辅导供学生查询学习等。企业大量吸纳实习生力量，积极创造有利条件助学生成长，一些企业甚至直接参与在校生的职业培训计划。

二、法国的大学生职业生涯规划教育

法国的职业指导历史悠久，早在 20 世纪初，社会改革者和社会工作者就开始尝试职业指导，为就业人员提供职业信息和相关的职业心理、能力等测试。

1922 年，政府正式出台文件，首次提出要建立专业指导办公室，为职业技术教育的学生提供专业或职业选择服务。1959 年的中等教育改革把义务教育延长到 16 岁，并确定初中的前两年为观察阶段，为教育和专业定向做准备。20 世纪八九十年代，法国的高等教育规模迅速扩张，大学生的数量增加，但教育质量没有得到应有的重视，学生学业失败现象严重。

为了减少学生学业失败的情况，提高教育质量，自 20 世纪 80 年代中期起，法国的大学和中学教育均加强了方向指导，旨在帮助学生面对教育制度的多样化结构、找到适合个人发展和社会需要的学业选择及职业出路。法国大学生的职业生涯规划教育是一个系统的过程，涉及自我评估、职业目标设定、教育背景与专业课程的了解、职业路径与选择、行动计划与策略的制定等多个方面。通过这些教育和指导，学生能够更好地了解自己的职业兴趣和市场需求，为未来的职业发展打下坚实的基础。

三、日本的大学生职业生涯规划教育

日本政府格外重视高校的职业生涯规划教育，文部科学省通过建立职业生涯教育网站的方式，介绍其他国家地区先进的教育经验和案例。各高校也纷纷建立专门的职业生涯规划教育网页，详细介绍了该校的职业生涯培训方案、培训讲座和各种活动、毕业生经验反馈等，通过建设完备的职业生涯规划体系来吸引生源。

另外，日本政府设立了专门的职业教育师资培养机构——教职研究生院，通过教职研究生院的职业教育和专业课程来培养职业师资，提高职业生涯规划教育水平。日本高校职业生涯教育活动包括社会企事业单位组织的社会实践活动、学校引导并由学生发起组织的活动等，所教育的范围已经不仅限于校园之内，而是构建了与本科教育融于一体的全方位的教育模式。

学生从一二年级就开始有目标地、全身心地投入学业和课外活动，以此度过充实的学生生涯。一年级学生会广泛接触各个学科领域，明确自己的兴趣和关注点；二年级以主修专业科目为主，发现自己所关心的学术主体；三年级开始进行专题讨论和研究，选择相应的就业辅导来明确自己的意愿并学习相关面试对策；四年级学生在写毕业论文的同时参加企业的求职活动、公务员测试及资格考试等。同时，日本高校还将通过以下几个方面开展职业生涯教育：（1）为个人进行诊断测试，建立"生涯设计报告"。（2）将"单向性的讲座"和"参与式的专题讨论课"相结合。（3）发挥学生内部的互助支援，请校友或找到工作的大四学生为其他学生介绍经验。（4）政府同各产业界与学校一起承担生涯辅导工作。（5）为学生提供充分快捷的信息支持。（6）为学生参加行业应试或行业资格认证考试提供支持。（7）通过调查问卷等方式积极跟进已就业学生的后续情况。在日本，一些知名大学通过推荐的方式为企业输送人才。学校的就业指导机构和社会上的就业促进单位主要通过各种讲座和培训活动来帮助大学生提升就业能力。另外，有些学生互助组织成立专门的讲习班，向大学生传授如何写作简历以及如何应对面试的经验。针对大学生毕业后不能就业的人数不断增加这一现状，政府制定计划，通过"学生职业综合支援中心"及"学生职业中心"等部门对毕业后未就业大学生进行登记，并根据个人的兴趣爱好及适应能力等开设有针对性的讲座，组织企业实习，提高其就业能力。

四、我国香港地区大学生职业生涯规划教育借鉴

（一）"全人教育"的本土化特征

我国香港具有中西文化荟萃的独特背景，自由、自主、多元的西方文化特点也体现在香港高校的职业生涯规划教育中。强调教育应该充分尊重学生在受教育过程中的主体地位，以"以人为本、全人发展"的理念为中心，是香港地区高校职业生涯辅导的核心目标。在这一理念的指导下，形成了"发展性辅导""个性化辅导"和"体验式辅导"模式。有针对性地从个人辅导、团体训练、成长小组、工作坊和专项素质训练等入手帮助学生提高各个方面的素质。

（二）树立职业教育目标

香港中文大学秉承"以人为本"的职业教育理念，树立了短期、中期和长期目标。短期目标是让学生拥有了解和认知职业的机会，使学生对所学专业和将来从事的职业有更清醒的认识；中期目标在于通过职业教育提高大学生的综合素质，提高毕业生的专业形象和市场竞争力；长期目标则是培养拥有国际视野的精英和领袖人物。香港科技大学职业教育的目标是完善学生的个人性格，弥补个性缺陷，培养敢于担当、勇于挑战、正视失败、拥有一定自律及自我解决问题的能力的优秀学生。此外，充分发掘学生的潜能及动力，营造同学间取长补短、互相学习的氛围，为学生提供良好的职业教育环境。两校的职业教育理念均是"以学生为本、发挥学生自主性"的个性化培养方式，宗旨在于强化学生在未来职场上的核心竞争力。

（三）较为完善的机构设置

就我国香港而言，香港大学、香港中文大学、香港科技大学三所高校的学生职业生涯规划教育体系比较完善，同时有较为完善的机构设置。这三所学校都设立了相当于内地的职业辅导机构，并且都隶属于学生事务处。香港高校的机构设置也体现了"以人为本、全人发展"的职业教育理念。香港中文大学学生事务内容主要包括发展与规划、心理辅导、社团策划、外联合作，具体工作分为就业

策划发展中心、学生活动的组织策划、奖助学金的评定、学生思想辅导及发展、来港留学生工作等。香港科技大学的机构设置特点是将心理咨询和就业指导工作有机地结合起来，将就业指导中心和心理咨询机构功能合为一体。将二者合并，好处是工作上不分开，对于那些不好意思到专门设立的心理咨询中心咨询的学生可以减少他们的顾虑。同时，既要做就业指导又要做心理辅导，要求师资水平足够专业，这样才能满足学生的职业指导需求。

从整体看，我国高校大学生职业生涯规划教育的发展还比较滞后，内地高校大学生职业生涯规划教育的开展并不均衡，因而可适当地借鉴和学习发达国家和地区的职业生涯规划教育的方式方法，并将其作为对我们提高职业生涯规划教育有效的比较和补充依据。

五、发达国家和地区大学生职业生涯规划教育的经验借鉴

国外一些发达国家职业生涯规划教育开展得较早，已经形成了比较完整且具有特色的教育理论体系。在我国，大学生职业生涯规划教育起步较晚，目前我国大多数高校仅维持在对毕业生的就业指导阶段，随着社会的高速发展与高等教育改革进程的不断推进以及职业结构的不断变化，大学生职业生涯规划教育不论在深度、广度，还是在理论研究、应用实践方面都不够完善，由于落后于当前不断发展的就业形势，我国的职业生涯规划教育不能满足社会各界对高素质人才的需求，但是各国的历史及教育文化背景不同，我们要适当借鉴国外发达国家和地区的相关经验，不断地与大学生职业生涯规划实践经验相结合，逐步形成一套本土化的教育新特色。

（一）发达国家职业生涯规划教育开展较早

西方发达国家由学校承担的职业生涯教育开始于中小学阶段。例如，在美国从中学起就开设职业指导课程，八年级以后的孩子就要请专门人员为其做职业兴趣分析。虽然十几岁的孩子职业兴趣并未定型，但职业日和职业实践活动的开展可以对孩子的心理特征以及个性特点进行有针对性的引导，以达到依照兴趣确定职业的目的。

我国大学生在进入大学之前，职业理想还比较模糊，对于职业

规划,他们更多地受到家庭以及社会的影响。而西方发达国家各高校则将职业生涯规划教育与入学教育相结合,使学生在进入大学之前的学习生活中也能接受到较为专业的职业生涯规划教育。在基础教育阶段,学生们已经历生涯认知阶段、生涯探索阶段、生涯定向阶段、生涯准备阶段和生涯安置阶段,并且习惯于通过更加专业和个性化的职业生涯规划建议指导自己的择业。大学阶段,西方发达国家高校更是在上述基础上通过设立专门机构,利用职业生涯规划指导体系,使大学生职业生涯规划教育更加职业化、专门化。

鉴于我国大学生职业生涯规划教育起步晚的现状,当前急需职业生涯规划的本土化研究,建立大学生职业生涯规划理论体系。此外,高校更应根据本校的校情、学科设置的特点等,建立完备且符合本校文化的大学生职业生涯规划体系。

(二)专业化高素质的职业指导人员队伍

专业的职业生涯辅导人员应具备心理学、咨询学等相关学科的硕士或博士学位,或通过国家职业生涯辅导考试并具有一定年限的工作经验。在职业指导人员队伍素质方面,西方发达国家高校职业生涯规划指导机构的工作人员具有职业化、高素质等特点,20 世纪90 年代后,日本越来越重视对职业教育师资的培养,通过在职研修深造提高教师的实际指导水平,切实加强职业师资终身教育的能力。

(三)个性化全面的辅导课程

尊重大学生的个体差异,不以统一标准限制个体发展,可以使每个人都人尽其才,享受充实而快乐的职业生涯。例如,美国的职业生涯规划教育一直实行以学生为本位的理想主义模式,帮助大学生分析自我的人格特质,树立自我概念,从而初步探索出适合自身的职业环境类型。我国香港地区部分高校在对大学生进行职业生涯规划教育时,注重"以人为本、全人发展"的原则,运用各种手段对学生开展职业咨询和人才测评,了解不同学生的职业兴趣、职业能力、职业倾向等。根据学生的性别、专业、地域等综合因素,通过自身特质对学生进行职业生涯规划教育,以达到良好的效果。

（四）社会参与的实践活动

教育与社会是息息相关的，学校必须得到社会的有力支持才能发挥自己的教育职能。正因为如此，许多发达国家为了解决学校教育与社会需求脱节的问题出台了很多相关措施。例如，美国为了积极鼓励学生走出课堂、走进社区，创建了"社区生计教育联盟"等机构，通过学校与社区的合作发展社区模式化教育，给大学生创造了许多参与社会实践活动的机会，有力推动了学校的教育改革与发展。英国政府通过制定法规、政策引导等方式，要求社会各界为学生开展各类社会实践活动，为学生熟悉各类职业提供便利条件，各企事业单位及工厂要与学校建立良好的合作共赢关系，积极为学生提供深入社会岗位参观和实习的机会，这样能有效地使学生树立正确的职业观，做出正确的职业选择。香港理工大学为毕业生开设了一门"首选毕业生"培训计划的职业培训课，他们与企业合作，企业和学生进行双向选择，企业为香港理工大学的学生提供实习的机会，实习结束后，企业可以通过学生在实习期间的表现决定是否录用。学生不仅得到充分的锻炼，也解决了部分学生的就业问题。大力发展职业培训机构，勇于尝试校企联合。初出学校的学生除了动手能力弱之外，表达沟通能力也存在问题，因而学校应积极增设职业培训机构，增加职业教育课程，其中包括商务礼仪、心理健康、沟通技巧和团队合作等内容。将职业素质培训与实践学习充分结合起来，真正使毕业生实习活动起到缩小甚至弥合学校教育与市场需求之缝的作用。

对我国高校大学生开展各类社会实践活动，能够充分增强其专业认知性和职业针对性，使大学生在了解社会的同时，对所学专业的应用以及将来可能从事的职业构建一个比较清晰的认知。通过这些拥有较强专业认知性和职业针对性的参观、考察乃至实践活动，大学生不仅可以在心理上接纳自己未来将从事的工作，也可以进一步明确自己今后的努力方向。因此，我国高校有必要加大力度建立相关专业社会实践与实习以及就业基地，组织和安排相关专业的大学生到与自己专业相契合的工作岗位上去锻炼，这些举措应该成为高校今后加强职业指导的一个努力方向。

为使大学生尽快了解社会、企业岗位需求并培养自己具备所需职业素质，学术应与实践相结合。大学生在大学四年之中要塑造个人核心竞争力，坚定选择一个行业并为之充分准备，快速成为社会需要的人才。

第三节　完善高校大学生职业生涯规划教育的对策

借鉴发达国家和地区的职业规划教育经验，结合我国目前严峻的就业形势，要解决大学生就业难的问题，就必须加强高校大学生职业规划教育理念，通过有特色的教学课程，配备足够数量的专业师资队伍，引导大学生认识职业规划、了解职业世界、掌握职业生涯规划的方式方法，为未来职业的发展奠定良好的基础。四年职业规划教育促使大学生走向社会、了解企业需求并有针对性地提高自身职业素质，塑造个人核心竞争力，快速成长为社会需要的人才。

一、加强大学生职业生涯规划教育的理念

高校在培养学生独立思考能力、自我评价能力等方面有显著影响。在培养过程中，通过方法、方式的多样化设计，给予学生充分地参加集体活动、集体讨论和自我思考的时间，提升学生的团队意识、创新意识，帮助大学生增强就业竞争力。

（一）高校领导应当充分重视大学生职业生涯规划教育

制定切实的大学生职业生涯规划教育工作政策是高校领导机构义不容辞的责任。高校领导应当提高对学生职业规划教育的重视程度，设立专门的职业规划教育机构，给予一定的政策和经济支持，激发教师的工作热情。同时，我们已经认识到单一就业率评价法的缺陷，因而提高就业质量，帮助大学生找到理想的就业方向，提高职业稳定性，才是今后就业工作的重中之重。

（二）引导大学生重视职业生涯规划

科学的职业生涯规划教育应包含三个方面的内容：

一是大学生对自我的探索。自我探索是大学生职业生涯规划的基础。通过自我探索更多地认识自己、客观地剖析自己，深层次发掘自己的价值，为自己的职业目标指明方向。

二是大学生对客观世界的探索。客观世界的探索是大学生对外部环境的了解，包括对未来工作环境、社会及市场的了解。通过对自己和外部环境的了解，客观认识和分析现有的环境，为自己实现职业目标做好铺垫。

三是高校引导学生制订适合自身的计划和行动目标，并配合其进行必要的调整。最终制订可行性行动计划，未来职业生涯发展的顺利与否，与目标计划的适合与否有着很大的关系。当然，万事都不是一成不变的，也需要对之前制订好的计划进行合理的调整，最终完成自我价值的实现。

（三）准确把握大学生职业生涯规划教育的内涵

我国对高校大学生的一项调查显示，目前 62.2％的大学生没有发展规划，32.9％的大学生有思考，只有 4.9％的大学生有明确的职业发展规划。事实表明，由于就业压力大，许多大学生会随遇而安，能找到什么工作就做什么工作。盲目就业心态会对大学生的职业生涯规划发展产生长久的负面影响。正确的职业生涯规划是大学生迈入社会的关键一环，大学生理应做好充分准备，给予足够的重视。

现阶段，高校各级领导要提高重视程度，把职业生涯规划纳入教学改革计划中，并要贯穿在整个学生大学学习过程中。作为任课老师，要系统地、正确地传授职业生涯规划基本的理论知识和技能，严格训练学生的职业核心能力，在课程实践环节教会学生根据自身的个性特长和专业情况，合理规划自我的职业生涯道路。将职业生涯规划教育作为起始点，转变之前的工作思想，继而拓展职业生涯规划教育工作中的新思路和新方法，逐步强化高校对于职业生涯规划教育的指导职能。建立相对完善的大学生职业生涯规划体系和教育内容系统，全面提升学生的个人综合素质。

二、开展全程式的大学生职业生涯教育

大学生职业生涯规划是指学生在大学期间综合分析自身主客观条件，对即将从事的职业道路作出行之有效的规划和安排。职业生涯规划教育直接影响着学生大学期间的学习生活质量，更影响到学生将来就业甚至未来整个职业生涯的成功与否。从狭义职业生涯规划的角度来讲，此阶段主要是为将来的就业和事业发展打好基础，是职业的准备期。

教育内容是大学生职业生涯规划教育的关键部分，各高校应针对不同年级的学生特点制定职业生涯规划教育的相应内容，并编写指导教材、设计教育指导形式。具体如下：

大一年级→职业准备期→了解理论概念→培养职业生涯意识

大二年级→职业选择期→引导自我认知→促进技能型就业能力

大三年级→职业熟悉期→了解职业社会→促进竞争性就业能力

大四年级→职业行动期→收集管理就业信息→促进持久性就业能力

要解决大学生职业生涯规划存在的问题，学校应和社会共同担负起大学生职业生涯指导的重任，一同搭建和完善大学生职业生涯规划建设的系统工程。从大学生自身角度来说，首先一定要采取积极主动的学习态度，把握机会提高自我，社会各界和工作单位也要伸出援助之手投入职业生涯规划的建设之中。学校作为职业生涯规划教育的主战场，有不可推卸的责任和义务，因此应尽快转变以往的就业指导工作思路，大胆探索高校职业生涯规划工作的新道路。

职业生涯规划教育不仅能帮助高校大学生对照社会和用人单位对人才基本素质的标准和要求进行深刻的自我剖析和反思，还能帮助学生不断修正自己制定的职业生涯发展计划，因此职业教育必须要贯穿大学生的整个学习生活过程。

（一）大一的职业准备期

对一年级的大学生应着重职业生涯认知和规划教育，主要是进

行心理教育，要求他们学会做人与学会学习，贯彻落实"走进大学门，首先学做人"的理念，让学生懂得做人比求知、求职更重要。通过专题讲座的形式，详细介绍"大学生必备素质""自我评价与职业定位""大学生就业与就业市场""国家公务员考试""职业资格认定考试""自主创业、择业心理"等内容，帮助学生顺利地完成中学生向大学生的角色转变，并辅以人生观、价值观、道德观、成人观教育，明确所学专业特点及培养计划，指导学生开展"以人为本"的职业规划设计的前期准备，帮助他们确立学习计划，探索适合自身科学发展的职业规划方向。

（二）大二的职业选择期

对二年级大学生应着重职业道德、职业发展教育和社会适应性训练综合能力的培养，包括进行职业思想教育与综合素质培训、构建合理科学的知识结构框架，使他们具备踏入社会应有的基本素质和道德修养。针对所学专业的专业特征开设就业指导课，可通过座谈会、专题讲座等形式，搭建高年级毕业生与低年级学生沟通交流的平台，通过深入的交谈，使低年级学生逐步明确自己未来的专业学习目标，根据社会需要来培养自己相应的素质和能力。除此之外，也可以通过树立优秀毕业生榜样，宣传优秀毕业生成功发展事例为低年级学生提供经验借鉴，拓宽学生的视野，帮助他们认识到所学专业适合的工作领域，并与自己的兴趣和能力相结合，培养和发展与自己的职业理想相适应的素质和能力，不断对自己设定的职业道路进行修正和调整。对学生进行社会适应性训练，让学生提前走向社会、提前接触科研工作、参加实践锻炼，让学生学会发展。

（三）大三的职业熟悉期

对三年级大学生，要引导他们围绕大二的初步构想，进一步明确个人的职业生涯目标及规划，明确自己职业生涯的下一步是出国深造、国内升学还是直接就业。在确定生涯目标的基础上，有针对性地学习、实践、锻炼、培养相关技能，引导学生培养竞争性就业能力，如开拓创新精神、动手能力、实践能力、人际沟通能力等，并在实践的过程中不断调整修正和完善职业生涯设计。具体如图3—1

所示。

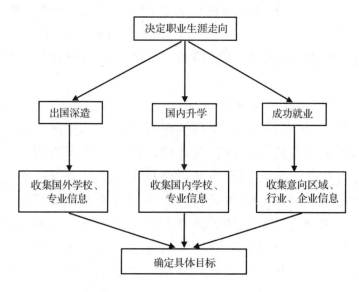

图 3—1　职业熟悉期教育指导内容

（四）大四的职业行动期

对毕业班学生应着重择业指导、心理教育和就业服务。这一阶段就业指导主要围绕价值的引导、择业准备、择业技巧与方法、防止求职陷阱、完成角色的转变等方面展开，让学生学会在职场中生存。这一阶段强调促进学生主动性的作用，鼓励学生主动走向社会寻找锻炼机会。同时，要求就业指导服务部门突出服务意识，增强服务功能，及时提供就业需求信息、就业政策等信息服务，有条件的可以在学校内开设专场供需见面会，积极推荐学生就业，充分发挥就业过程中招聘单位与毕业生之间的桥梁作用。在指导学生就业时，要让毕业生更早更多地了解职业要求，促使学生不断修正规划，正确引导自己的职业发展，体现职业生涯规划指导的动态特征。

三、形成独具特色的职业生涯规划教育课程体系

（一）做好理论课堂的教学

我国强调建设社会主义文化强国的理论构想，落实到不同社会层面、不同社会领域，应该根据具体实际，提出各自的指导理论。高校在社会主义文化强国建设中，也应该有自己的理论指导体系，搭建和社会接触的平台，引导学生积极参与到社会实践中。这样，高校既能牢牢把握住党的最新精神，又能够提供具体的有特色的理论指导方针。

(二) 开展实践教学活动

高校在大学生职业生涯规划教育过程中，单凭理论课程学习难以让大学生全面准确地进行自我评估，社会实践课程可以作为理论课程的有力补充，参与实践活动可以让大学生更清楚、更全面地了解自己的能力，对社会中各类机遇和挑战有更全面的理解，更好地在活动中认识到自己真正的兴趣特长，不断完善，达到学以致用的目的。首先，高校应最大限度地调动各类社会资源，为学生提供尽可能多的职业训练机会，如学生社团相关活动开展、专业的职业规划师座谈交流会、志愿者活动等。其次，加强校企合作，组织学生实地参观企业单位、参加各类社会实践活动的机会，帮助大学生深入了解各类职业信息和当今社会需求，树立正确的职业精神，拓展专业的职业技能，提高学生的综合素质，并投入大量人力物力建立实践实习基地。再次，创办形式多样的"体验式"职业生涯规划课程，如进行职业生涯规划宣讲、开展大学生职业规划文化日、大学生素质拓展训练、各类职业角色扮演、模拟招聘、相关职业心理测评与咨询等，为大学生职业素养的最终形成打下坚实的基础。最后，在建立有特色的科学的职业生涯规划教育课程体系的过程中，对实践中的每一个环节进行认真把控，同时对不同的实践结果进行相应的评估也是不可或缺的。对实践结果的评估往往是完善整个教育体系的另一个开始。在培训过程中，我们要分阶段地对各类培训效果进行详细地分析调查，使得培训能够及时得到调整。这也要求对大学生在实践环节中以及在相应的职业岗位中的表现做好周详的记录，并进行有针对性的调查研究，使得职业生涯规划教育可以不断调整偏差，这样才可以取得理想的效果。要建立有针对性而又周详的评估指标，应当在每一个培训计划完成后，对每一项不同指标的完成、各类达标情况进行细致的分析，进而及时发现问题、积累相关经验，不断完善职业生涯教育系统。

四、开展高校大学生职业能力测评工作

（一）高校大学生职业能力测评的主要内容

每个人的生涯发展都是独一无二的，职业生涯也是独一无二的。科学的测评手段能够帮助学生找到适合自己的独一无二的职业发展路径。

1. 高校大学生职业兴趣测评

职业兴趣是指人们对某类职业或工作所抱的态度积极性。根据兴趣的差异，可以将择业者分为若干类型，每类兴趣都有相应的职业。

（1）兴趣表达。评估兴趣最直接、最简单的方法就是咨询测评者所感兴趣的事情是什么。

（2）行为观察。观察受测者各种情景或参与各种活动时的情况，从中推测兴趣所在。

（3）知识测验。测量受测者在特殊职业中所掌握的特殊词汇和其他信息，根据测验分数推论兴趣。

（4）兴趣测验。兴趣测验的基本原理是，具有一定兴趣模式的受测者更倾向于寻找特定的职业类型，并且一旦从事这种职业，你会比其他人适应得更好。

2. 高校大学生职业性格测评

对大学生来说，求职时必须考虑的一个重点就是自己的性格与职业的适宜性。性格是指一个人在生活中形成的对现实的稳固的态度，以及与之相应的行为方式。

3. 高校大学生职业能力综合测评

能力是指顺利完成某种活动所必须具备的一种心理特征，它是人顺利完成某种活动的必要的心理条件。人的能力是在活动中形成和发展起来的，并在活动中得以表现。职业能力综合测评包括思维能力测评、数学运算能力测评、创造力测验等。

（二）高校大学生职业能力素质测评的实施过程

1. 建立测评机制

成立大学生职业测评工作机构或专家顾问小组，建立健全个性规章制度，从机制上保障大学生职业测评的科学化、规范化，保障大学生职业测评工作的可持续发展。

2. 制定测评流程

大学生职业测评的流程如下：

（1）电脑测评或其他方式测评（如面试、情景模拟）。

（2）咨询师和受测者一起分析测评结果，辅导受测者进行职业定向和职业生涯规划，制订潜力挖掘计划。

（3）打印测评证书、盖章，确认测评结果的有效性。

（4）测评档案的建立、跟踪与反馈。

（三）建立高校大学生职业能力素质测评体系

1. 系统内容介绍

我们可以把该系统简单概括为"一""二""二""四"。

"一"即一类核心用户：核心用户为在校大学生和高校职业发展辅导教师两大类。

"二"即为 2 类对象提供服务：一是为在校大学生提供自我认知（了解自己的兴趣、人格、价值观与能力）的工具、职业选择和职业发展建议、线上咨询和沟通学习的渠道。二是为高校职业辅导教师提供专业高效的职业测评工具、职业辅导工作的得力助手、职业咨询的辅导参考、大学生个体职业发展力提升案例库。

"二"即有 2 个核心模块：在线测评和在线咨询。

"四"即有 4 类核心测评项目：职业兴趣测评、职业人格测评、职业价值观测评和职业能力测评。通过对测评结果的综合分析，帮助测评者发现和确定自己的职业兴趣和能力特长，对与自身性格匹配的职业类别、岗位特质有更清晰的认识，从而在就业时做出最佳的选择，找到更适合自己、更易取得成功的事业。

2. 系统的五大特征

测评全面：涵盖"职业兴趣＋职业人格类型＋职业价值观＋职

业能力"的全方位测评系统。

科学实用：采用最科学和常用的经典测评量表，具有可靠的理论和实证基础。此外，根据国内的现状进行修订，更加适合当前的我国大学生。

量身定制：根据学生的测评结果，推荐适合的职业，是为大学生职业定位和发展量身定做的在线职业测评系统。

实时报告：实时生成职业测评报告的在线职业测评系统。

功能强大：大学生可以直接通过互联网来进行测评系统的在线测评，同时系统管理员可以通过互联网对终端用户的测评权限进行控制，并可从远端直接查看测评结果。

3. 测评系统的核心价值

测评系统的最终目标是帮助迷茫的大学生明确方向，解决大学生对于自我认知、自我定位问题。测评系统的主要功能有：帮助每位学生更充分地了解自己的相关职业能力、职业发展兴趣、个人职业价值观、人格特点等主观因素，全面认清自己的优劣势。通过测评，为大学生提供科学合理的职业发展方向，避免因盲目尝试和失误而浪费大量的时间和精力；通过测评，帮助大学生发现并进一步发掘自己的潜能，为实现自我价值提供参考依据。

测评系统对高校职业指导老师的作用有：职业指导老师可以通过测评报告，清晰地了解学生的职业个性、能力、兴趣、价值观等特征，科学地帮助大学生进行职业生涯规划，大大提高职业指导老师的工作效率。

五、加强专业教师队伍的培养和建设

教师队伍，即师资，是高效率地进行大学生相关职业生涯规划教育的主体，同时也是教育体系中极为重要的环节。面对当前相关职业专业指导人才的缺乏，建设一支具有较高水平的较为专业的职业生涯规划师资队伍迫在眉睫。笔者建议从以下三个方面，加强和完善相应的教师队伍建设。

（一）培养专业指导师

从高校现有的师资中选拔出理论水平相对较高、业务素质相对过硬、实践经验相对丰富的教师，通过相应的在职研修或专业培训，帮助他们成为较优秀的职业规划指导教师。

（二）多渠道吸纳教师加入

提高职业规划课程教师的工资待遇水平，并为他们提供更广阔的晋升平台。这样有助于吸纳更多高素质的职业生涯规划专业人才加入高校大学生职业生涯规划教育中来。利用丰富的社会资源，聘请校外的职业生涯规划专家、职业经理人、成功企业家等拥有大量实践经验的专业人士，以不定期授课或作报告的方式，为更多的学生提供更为专业化、更具有个性化、更有针对性与相关性的职业咨询、服务和指导。

（三）开展师资队伍培训工作

校内抽调专门教师进行专门、系统的理论和实践培训，提高日常指导和辅导水平。为把好就业前的辅导关，有必要对学校的专业就业指导中心和学校各院系就业专业辅导员进行更为系统专业的培训，改善他们的就业指导知识结构，提高相关理论水平，以便更好地做好学生的职业生涯规划教育工作，引导学生成功就业。

第四章　大学生创新创业教育问题研究

中国特色社会主义已经进入新时代，新时代有着新目标和新要求。创新创业教育也必须适应新时代的社会发展，成为推动创新型国家建设的重要手段。高校在建设创新型国家目标的过程中承担着培养创新创业型人才的繁重任务，大学生是新时代高校创新创业教育的关键主体，大力开展创新创业教育对新时代我国国家建设、高等教育改革、大学生高素质发展等都具有重要意义。新时代必须坚持用习近平新时代中国特色社会主义思想来指导大学生创新创业教育的发展，将创新驱动发展作为贯穿创新创业教育的主题，坚持把创新创业精神和意识的培养作为相关课程教育和活动的核心内容，并将高校思想政治教育的"三全育人"模式贯穿创新创业教育全过程，营造创新创业教育的新生态，开创新时代大学生创新创业教育新局面。

第一节　研究的背景和意义

一、研究背景

当前我国有了新的发展形势和发展依据，即新时代。新时代对上层建筑的发展有了新的要求，创新创业教育作为上层建筑，一直是与国家经济的发展、高等教育的改革相适应而产生的一种教育理念和教育形式，它是学生工作的一个重要内容，需要建立教学、管理等多方力量共同参与的大学生创新创业培养大平台。新时代急需创新创业型人才，大学生创新创业教育已经成为培养新时代创新创业型人才、推动国家发展的重要途径。因此，新时代背景下对大学生创新创业教育的研究提升到了新的高度，在此背景下的研究更有现实意义。

（一）创新创业教育是新时代建设创新型国家的必要之举

习近平总书记在党的十九大报告中多次提到过去五年我国的创新驱动发展战略，对创新型国家建设成果给予了很大的肯定，强调在新时代创新是引领发展的第一动力，是建设现代化经济体系的战略支撑，新时代我国继续坚持向着建成创新型国家迈进，再次明确了在新时代的很长一段时间里创新发展理念的首要地位，对接下来加快建设创新型国家的相关事宜进行了系统全面的部署。进入新时代的新征程，在新的历史条件下，要想追上并赶超发达国家的发展脚步，科学技术、教育、创新等关键环节都扮演着突出作用，在新时代奋斗目标的引领下，要想实现"两个一百年"奋斗目标必然需要创新的助力，创新带动的国家的发展必然会助力解决新时代的社会主要矛盾。

持续有效地推动高校大学生创新创业教育各方面的改革是我国坚持创新驱动发展战略的重要要求。我国现在正处于非常关键的时期，大学生在创新型国家建设中是非常活跃的，也是非常积极的，大学生积极参与创新创业教育课程和活动从而培养出新时代发展所需要的创新创业精神、意识以及高素质人才，必然能够为我国实现创新型国家的建成提供强有力的、积极的智力支持和人才保障。

（二）创新创业教育是新时代以人民为中心的重要体现

我国社会进入了新时代，这就表示我国经济、政治、文化等各方面的发展都进入了新的发展阶段，也明确了在新时代人民日益增长的美好生活需要和不平衡不充分的发展之间的矛盾是我国现在的主要矛盾。

作为社会普遍关注的难点和热点，大学生的就业问题一直是社会向前发展的关键因素，就业作为民生问题中的重要一环，如果能够发挥出高校大学生创新创业教育的重要作用，必然能够为大学生的未来职业发展提供积极的就业引领，提高大学生的实践能力，开创一个促进"创业带动就业"的全新时代，为大学生自身解决就业问题的同时也为社会发展注入强劲动力。加强新时代大学生创新创业教育、改善大学生就业现状是人民对美好生活的向往和需要，是提升人民的幸福感和获得感的重要内容，是以人民作为国家发展中心点的重要体现。同时，大学生创新创业教育始终坚持将大学生培养成为全面发展的社会主义接班人，积极有效地推动大学生的综合素质发展，这些都符合新时代的发展目标。

（三）创新创业教育是新时代高等教育改革的重要内容

1998 年 10 月，联合国教科文组织指出"高等学校必须将创业技能和创业精神作为高等教育的基本目标"。同年，在北京召开的面向 21 世纪教育国际研讨会上首次把创新创业教育列为"第三本教育护照"。一直以来，我国坚持主张高等教育要把培养大学生创新能力、实践能力以及创业精神作为关注重点，这把大学生创新创业教育以及高校教育之间的关系阐述得非常清晰。党的十九大报告指出，"建设教育强国是中华民族伟大复兴的基础工程，必须把教育事业放在优先位置，深化教育改革，加快教育现代化，办好人民满意的教育。要全面贯彻党的教育方针，落实立德树人根本任务，发展素质教育"，"加快一流大学和一流学科建设，实现高等教育内涵式发展"。大学生创新创业教育是我国素质教育的典型体现，紧紧跟随着时代的潮流、充分彰显着时代的特征，能使大学生更快更全面地提高自身综合素质，推动自己成长成才。新时代高等教育要有新作为，作为国家创新体系建设的重要组成部分，高校要落实好党的十九大精神，坚持全面深化高等教育改革，建设教育强国。因此，新时代下加强大学生创新创业教育是深化高等教育改革、推进素质教育的应有之义，也是高等教育改革的重要使命。用大学生创新创业教育的教学方式来提高人才培养的质量水平，使创新、创业、就业有效循环，培养出众多拥有创新精神、愿意且有勇气加入创新创业行列的高素质人才，为中国梦的成功实现持续有力地扛起责任、添一砖加片瓦，推动我国真正发挥出人才的力量，真正实现人力资源强国。

（四）创新创业教育是新时代青年成长成才的新舞台

人才日益成为各个国家间综合实力竞争的核心要素，当代中国青年今天是中国特色社会主义的生力军，明天是中国特色社会主义的接班人，是实现中国梦的坚定力量。在党的十九大报告中，习近平总书记对青年一代寄语："中华民族伟大复兴的中国梦终将在一代代青年的接力奋斗中变为现实。"在新的发展形势和发展机遇下，推动国家发展和建设的重担落到了当代中国青年的肩上，新时代青年的成长关系到整个国家和民族的兴衰，是我们必须关注的问题，青年可以在新时代的舞台上充分发挥出自身的才能，充分展现自己。我们知道人的发展最终是要实现人的全面发展，促进青年的全面发展离不开培养青年的创新精神和创业意识，面对社会主义现代化建设的新要求、面对经济社会发展的新形势，对青年进行创新创业教育，用实际行动帮助青年成长成才，使新时代青年在日益激烈的竞争中稳扎稳打、在创新创业中实现全面发展和人生价值，使新时代青年真正深刻体悟到个人对民族、国家、社会的责任。目前，创新创业教育已成为培养新时代青年的重要手段，当代青年已经站在最好的舞台上，创新创业教育将引导青年走在时代前列。

（五）创新创业教育是新时代发挥思想政治教育作用的有效途径

"因事而化，因时而进，因势而新"是习近平总书记在全国高校思想政治工作会议上对思想政治教育提出的新要求。高校思想政治教育应当适应新时代的发展要求，秉承着与时俱进的精神，时刻跟上党和国家的脚步，加快拓展思想政治教育的新时代内容，将过去灌输式、说教式的教育方式转变为开放式、参与式的教育方式。新时代大学生创新创业教育一方面更新了思想政治教育的很多内容，使思想政治教育的实践性不断扩充，另一方面不断增添了思想政治教育的理论内涵，加快了新时代思想政治教育的创新脚步，符合新时代国家对思想政治教育提出的新要求。同时，思想政治教育具有的导向功能可以为新时代大学生创新创业教育的发展注入力量，我国大学生创新创业教育起步时间比较晚、发展程度极其不完善，创新创业教育的教育理念落后于创新创业教育的实践，所以创新创业教育必须要在思想政治教育的引领下才能不断推动自身的发展，这也非常符合新时代国家对思想政治教育提出的要求——将其贯穿教学全过程，充分发挥思想政治教育对创新创业教育的导向作用。反之，大学生创新创业教育也在不断推动思想政治教育的未来发展，可以使思想政治教育在新时代以全新的姿态呈现在高校的教学体系中，使思想政治教育一直保有时代潮流性和时代实践性，使得新时代的建设者和接班人的素质得到全面发展。

二、研究意义

（一）理论意义

虽然我们国家一直有对创新创业教育相关的政策支持，但必须承认，在很长一段时期内创新创业教育在高校都处于"可有可无"的状态，也缺乏科学化的认识和具体有效的实践环节。新时代国家对创新创业教育的重视程度越来越高，并且积极将各项政策措施落到实处，真正发挥出创新创业教育的积极作用。因此，新时代加强对大学生创新创业教育的研究非常迫切。本研究立足于新时代背景，探讨了大学生创新创业教育的发展，既满足了时代发展的理论需要，又有助于更新教育观念和教育理论的深化和发展。

（二）现实意义

积极研究和探索新时代大学生创新创业教育，对政府、高校、社会、大学生个人等都具有重要的现实意义。

第一，为政府政策的落实提供参考，创新创业教育是国家进行创造和促进就业的有效途径，培养出适应社会发展并能主动开拓的创新型和创业型人才是创新创业教育的基本要求，这也符合国家对创新创业发展提出的要求。针对国家对创新创业教育提出的相关要求和政策，对创新创业教育进行研究，既能为我国解决严峻的就业问题提供帮助，还可以促进我国人才培养模式的改革。同时，对创新创业教育进行研究，能够为政府落实国家相关政策提供帮助，通过创新创业教育鼓励大学生树立创新创业信心，全身心地投入到新时代创新创业的相关实践活动中去。因此，加强对创新创业教育的研究能够为政府政策的落实提供参考。

第二，为大学生成长成才和高校创新创业教育提供素材和帮助。大学生同时具有专业知识技能和开展创新创业活动的优势，大学生相比其他人是非常具有创新创业能力的一个群体，然而我国长期以来的传统教育主要是知识教育，素质教育尚未真正实现。对于培养大学生的主动力、能动力、创造力而言，创新创业教育非常关键。从整体上看，创新创业教育有助于改变传统教育的现状，弥补填鸭式教学的缺陷，实现高等教育改革的不断深化。完善创新创业教育这个高校教育的重要组成部分是帮助中国社会和国家培养出合格的人才的重要途径。依照习近平总书记对青年的期望和要求、依照青年在国家和民族中发挥的作用，我国强调要通过创新创业教育加强新时代青年的进步。谈及培养体系，要将青年和创新创业教育结合起来，时刻关注着青年一代创新和创业能力的培养，培养全面且高素质发展的国家建设者和接班人，通过一代代青年的持续奋斗，中华民族伟大复兴的中国梦的实现必然成为现实。因此，对创新创业教育进行研究能够为大学生成长成才和高校创新创业教育提供素材和帮助。

第三，为社会和家庭的发展提供动力支持。创新创业教育是符合新的发展潮流的，能够为社会的进步和家庭的发展而积蓄力量，从而激发出人们努力创造的精神，带领人们主动且坚定地加入到我国当下不断改革和创新的时代潮流之中，持续为人们增加获得感、幸福感而不断努力。同时，对创新创业教育进行研究为大学生的家庭提供了多一种的选择，有助于大学生的父母更好地树立正确的观念，帮助大学生投身创新创业中。因此，对创新创业教育进行研究能够为社会和家庭的发展提供动力支持。

第二节　大学生创新创业教育概述

一、新时代大学生创新创业教育的含义

党的十九大会议把习近平新时代中国特色社会主义思想确立为党必须长期坚持的指导思想并庄严地写入党章，实现了党的指导思想的与时俱进。笔者认为，新时代这一概念有着丰富的内涵和充分的实践依据，党的十九大报告中的五个"是"对新时代的含义作出了准确的诠释。第一，是从历史特征的角度来看，新时代有了新的历史条件，在这个时代我们可以做到在继承过去的同时继续开拓未来，不断努力取得未来胜利的时代；第二，是从实践特征的角度来看，在这个时代中国共产党必须带领广大人民群众全面建成小康社会，必须带领广大人民群众将社会主义建设成现代化强国的时代；第三，是从人民特征的角度来看，在这个时代全国各族人民能够手挽手拼搏，手挽手创造出我们自己向往的生活，全体人民群众能够一起手挽手走向富裕的时代；第四，从民族特征的角度来看，这个时代是全体中华儿女能够同心协力、努力拼搏，实现中华儿女中国梦的时代；第五，从世界特征的角度来看，这个时代是我国与世界舞台走得更近，能够对人类社会做出更多贡献的时代。这五个"是"的诠释不仅体现了在新的发展形势下我们要走什么样的路、要继续坚持什么样的发展、未来要实现什么样的目标，也说明了我们国家在未来的世界舞台上将会扮演什么样的角色，未来希望对整个人类社会做出什么样的贡献。

综上所述，我们可以尝试对新时代做出如下理解：中国特色社会主义进入新时代，这宣示着我们的民族进入了越来越具有影响力的时代，是我们民族奋勇奋斗的时代，是我们当下无比接近中国梦想的时代，是激励我们设定更高目标的时代，即不仅要实现小康社会，还要实现富强、民主、文明、和谐、美丽的社会主义现代化强

国。新时代肯定了过去五年我国取得的巨大成绩，并立足于中国共产党在长期奋斗中所产生的新成果和新发展，基于此对本世纪的奋斗目标进行明确宣示。这个新时代新的历史方位不仅表明了我国在经济、政治等多方面的巨大飞跃和根本性变革，还强化了中国共产党未来的使命，不仅反映了现在，也体现了未来。究其根本，新时代是让人民生活更幸福的时代，是让社会变得更美好和谐的时代，是让中国全面富强和崛起的时代。

创新即开辟新天地，通过一些变化和更新创造出新的事物，具有独创性和首创性。创新涉及多个领域，包括政治、经济、文化、管理、社会等。创新是人类所独有的一种认识活动和实践活动以及思维方式，人们通过创新展现自己的主观能动性。创新可以从多个层面进行界定，从哲学层面来看，创新就是将有限的存在进行无限的再创造，其核心是一个矛盾发展的过程，同时包含肯定和否定两个方面，是一种永无止境的辩证的否定观的批判；从经济学层面来看，创新是利用现有的资源改变所有的旧事物，包括技术创新等；从社会学层面来看，创新的核心是"新"，即打破常规、突破定势，找到并创造出有价值的新事物。

创新教育是一种与时俱进的教育，有些人认为创新教育是培养人们发挥自身创造力的一种教育，有一部分人认为创新教育是为了让人们更好地开展创新活动而开展的教育。因此，一切以培养人的创新素质、创新能力为价值取向的教育活动都是创新教育。创新教育和创造教育是非常不同的，创新教育包括思维、学习过程、个性等多方面的内容，在方法和内容上是多变的，考虑更多的是培养环境的适合程度，并不是简单的小发明创造，而是面向全体性全方位的一种思维方式。同时，在相关课堂的教学上和相关的教育过程和方法上，创新教育在尊重受教育者方面更加突出，坚持以受教育者为重点开展相关活动并对受教育者的积极性和实践性进行了调动的教育。

综上，笔者认为，创新是将人类脑中的蓝图，利用一定的知识和经验，依靠一些条件和方法，达到资源优化配置，并通过实践形式外化，把人的思想从传统思想中解放出来，创造新的事物、方法等，实现新的价值。当然，创新的内涵也在随着时代的发展而变化发展。创新教育的作用在于能够极大地提高受教育者的创新素质能力，发挥大学生的创新潜能，在进行相关教育时培养大学生的创新精神和能力，让大学生们在新时代下面临素质教育的挑战时更加从容，无论从传统还是现代教育模式来看，创新教育不再是社会本位、生活本位，而是以创新为本位的教育。

创业有两种不同范围的含义。狭义的创业指的是人们自己有意愿去发现一个可抓住的机会并能够准确地抓住这个机会从而创建出一个有价值的企业，这个过程包含人们的艰苦奋斗的精神和不断开拓的精神。广义的创业指的是愿意创业的人在创业的过程中进行的相关创造学习的多种创业实践活动。因此，创业是一个有导向、有目的的行为，以一定的技能、知识、能力为基础，以开创事业为目标，通过细致的准备、缜密的手段和方式，最终实现自己想要的结果，达到自己的目的。

如果把创新教育看作能够极大地提高受教育者的创新素质能力的一种教育方式，在这个教育过程中大学生学会了认识世界，那么创业教育就可以看作提高大学生未来面临社会挑战时的应对能力的一种教育方式，在这个过程中注重实践精神的培养并使大学生学会改造世界的教育。如果我们将创业教育和就业教育作一个对比，就业教育侧重的是对大学生未来就业的规划和指导，而大学生创业教育更侧重于通过多种教学理念实现对人才的培养。因此，以高校为主体，通过设置相关的创业课程，激发出人们的创业热情和才能的同时提高自身素质，实现自身的可持续发展而进行的教学活动就是创业教育。

高校创新创业教育是一个集知识、能力和创新创业为一体的多学科交融和多种资源支持的教育新范式。如果我们能明白什么是创新创业教育，必然对我们认识创新创业教育、厘清当前人们对创新创业教育的多种误区有所帮助。创新和创业联系相当紧密，二者都有创造和开拓新鲜事物的含义，创新是创业教育的核心，创业是创新教育的外延和拓展，创新创业教育的要旨与大学生综合素质教育相契合。就词语原意来看，创新创业教育是运用一定的技术方法对大学生的创新创业知识和意识、精神和能力等素质进行培养的一个综合性的全面的教育过程。相比国外对创新创业教育的定义，在中国的语言背景中，创新创业教育将其行为由经济延伸到政治、文化等领域，使传统教育的时代性不断增强，使高校教育观念、人才模式、教学方式不断更新。从教育哲学角度看，折射出的是我国传统文化中"知行统一"的思想，创新侧重于人们的思想方面，创业是开创新事业，侧重于人们的行动方面，创新和创业是互为表里的关系，它们充分体现了"知行合一"的理念。从教育的价值方面看，创新创业教育实现了个体价值与社会价值的相互统一，同时也是相互矛盾的统一体。

对创新创业教育最初的定义源于联合国教科文组织在1989年提出的一个全新的概念，即事业心和开拓技能教育。创新创业教育是适合时代发展的、符合国家形势的、与时俱进的一种全新的教育观念和教育形式，它的目标是培养能够适应社会发展的高素质新型人才。有人认为创新创业教育作为素质教育的一部分，达成了创新教育和创业教育的高度统一，也有人认为国家和高校为了提升大学生的综合素质而进行创新创业教育，因此一切具有创造性的教育实践活动都可以称之为创新创业教育。对于创新创业教育，国内学者主要持三种观点：一是以唐嘉为代表的学者认为创新创业教育单纯就是创新教育；二是以白华为代表的学者认为创新创业教育单纯就是创业教育；三是以褚东升为代表的学者认为创新创业教育是创新教育与创业教育的结合。

创新创业教育充分体现了我们国家一致推崇的素质教育，认为大学生的成长和成才应该侧重于大学生自身的层面上，是一种与时代共同发展的教学理念和教学模式。创新创业教育不是单纯地创办一个企业的教育或是进行第二课堂的教育，也不是单纯地进行创新教育这一种教育模式，或是简单地把创新教育与创业教育相结合进行的教育模式。相反，创新创业教育不仅包含创新创业知识和创新创业能力的教育内容，而且包括创新创业素质和创新创业精神的教育内容，其核心在于为了让大学生更从容地面对和适应时代发展的机遇和挑战，面向全体大学生，培养大学生注重能力和注重实践的意识。同时，将创办企业作为大学生未来的职业选择之一进行培养，将大学生的思考方式转变为善于用企业家的思考方式去认识事物，使素质教育的内容和表现得到了深化，其范围涉及大学生的人生发展、全社会的经济发展、教育的顺利改革等各个方面。简而言之，我们不能简单地认为创新创业教育是把创新教育与创业教育二者简单地融合在一起而产生的教育形式，要明确创新创业教育是一个非常系统的教学体系，创新与创业并驾齐驱，共同交错进步，共同推动社会的发展。

通过以上论述，笔者认为，创新创业教育必须有多方参与、共同努力，通过课堂内教学以及课堂外教学来激发大家的潜力并坚持培养大学生的创造性，推动大学生学会认识世界的同时也学会改造世界，为全体大学生提供一种能调动自身实际运用能力的，并以此奠定可持续发展能力的综合性的素质教育，其内容包括对大学生精神世界的唤醒、理论知识的传授以及实践能力的相得益彰。如果从国家的角度分析，创新创业教育培养出的人才对国家整体创新力的发展具有重要意义，就高校层面来说，其目的有助于推动高等教育的改革和发展，就大学生层面来说，创新创业教育通过对大学生个性化发展的培养，可全面提高大学生的综合素质，充分体现出自身的价值。

二、新时代大学生创新创业教育的原则、目标和新要求

新时代大学生创新创业教育是在新时代通过高校、政府、家庭及社会的多方努力，为了尽快适应新发展形势下的经济、政治、社会发展和高等教育改革的相关需要，面向所有高校的全体学生，尤其是对创新创业有较强意愿的大学生开展相关的创新创业教育。这种教育形式将专业教育自觉与创新创业教育相互结合，从日常学习中的每一个环节时刻激发大学生的创新创业潜力意识和能力，并对大学生实际运用能力的提高做出努力的一种综合性素质教育，为大学生的全面且可持续的发展奠定坚实基础，为新时代的社会发展注

入强劲的能量。

（一）新时代大学生创新创业教育的原则

第一，方向性原则。所谓方向性原则是指新时代应该将社会的发展现状和国家中长期的发展目标作为进行大学生创新创业教育的出发点，将立德树人和坚持办学方向作为进行创新创业教育的根本任务，培养创新创业型人才是它的目的，在新时代的发展背景下，只有不断推动创新创业教育与国家的创新发展、"大众创业，万众创新"的时代潮流相适应，创新创业教育才能永续发展。

第二，广谱化原则。所谓广谱化原则是指在新时代，与之相适应的教育要注重全面性和普及性，要以全体大学生作为教育的对象。因为创新创业精神和能力的培养对每一个新时代大学生未来发展都有着非常重大的意义，每一个大学生都可以也都应该得到机会接受创新创业教育。在新时代，创新创业教育的基础是所有高校的所有学生，针对愿意进行创新创业的学生进行有针对性的个性化培训，加强对创新创业教育与素质教育的契合的追求，以集聚多方力量的综合体系为创新创业教育的发展基点。

第三，协同化原则。协同化原则指的是在新时代，大学生创新创业教育应该在以培养大学生创新创业素质为最终总目标的基础上开设创新创业教育的相关课程和实践活动，可以在与基础教育和专业教育有机结合的基础上促进大学生的全面发展，其关键点主要在于各个主体之间的配合和协同运作，从而推动新时代大学生创新创业教育的合作共赢。

第四，特色化原则。特色化原则指的是在新时代，大学生创新创业教育要以学校为本位进行定位，关注不同学校的特色，同时要以学生为本位进行定位，发现不同学生的特色，并根据能力进行个性化的因材施教，凝练不同层次的特色，推动新时代大学生创新创业教育的迅猛发展。

（二）新时代大学生创新创业教育的目标

新时代有了新的要求，也有了新的目标。进入新时代，国家以发展的实际情况为依据相继提出了一系列的举措和要求，范围涉及多重领域，其中就包括创新创业领域。无论是把创新作为带领我们前进的第一动力，在 2035 年迈入创新型国家，还是注重加强人才培养质量的持续性，对大学生创新创业综合素质提出的新要求；无论是将就业放在我国最大的民生位置上，努力提高当下民生现状，把人民放在发展的中心位置，还是把大学生思想政治教育的相关内容贯穿到教学工作的全过程，不断提高大学生创业就业的质量，最终达到人力资源强国和教育强国目标的实现，这一切都是国家、政府、高校在进行新时代大学生创新创业教育时需要遵循的依据和最终的培养目标。新时代大学生创新创业教育具有全员性、实践性、全程性、灵活性的特点，它的相关内容包括思想上的转变、对精神的塑造、对能力的培养等，把高校的创新创业教育贯穿到新时代人才培养和高校教学的全过程中，通过运用各种灵活的理论教学和实践教学等多样化、多层次的教学手段，在国家层面、高校层面、学生自身层面等多方面实现它们的可持续发展。

（三）新时代大学生创新创业教育的新要求

新时代大学生创新创业教育要想发挥出在国家、高校、大学生个人中的有效作用，就必须遵循新的要求、新的思路和新的措施。

首先，要以习近平新时代中国特色社会主义思想为指导。习近平新时代中国特色社会主义思想是党和国家必须长期坚持的指导思想。因此，在高校中进行大学生创新创业教育时也要坚持这个指导思想。创新创业对于国家、社会和大学生发展有极其重要的作用，创新和创业的主体是人，而高校是专门培养高等人才的地方，高校培养出的人才的质量在一定程度上能够决定社会和国家的整体发展水平。在新时代，将习近平总书记的相关理念作为创新创业教育的指导思想和指导方针，是人才培养、高校改革和国家发展的必然要求。

其次，要以创新驱动发展战略作为主题。党的十八大之后，我国开始实施用创新驱动国家发展的战略，这一战略的提出是完全符合我国发展的现实情况和世界发展的现实潮流的，创新已经越来越成为国家间综合国力竞争的要素，各国已经将创新这一关键因素作为综合国力较量的重要手段。如果想要实现用创新驱动国家整体发展就必须要全面提高国家的创新能力，而要提高国家的创新能力就必须全面激发出作为社会生机和活力的代表的广大大学生们的创新潜力。为了使国家的创新发展走在世界的前列，高校的力量不可或缺。因此，高校必须要明确自身的位置和职责，必须学会发现人才和培养人才，并且在发展的道路上凝聚人才的力量，始终坚持把国家的创新驱动发展战略作为新时代大学生创新创业教育的发展主题，从而尽可能发挥出大学生创新创业教育对国家和社会应有的作用。

再次，要将创新创业精神和意识的培养作为核心内容。高校创新创业教育是一个系统的教育体系，它的目标是对大学生进行创新创业精神和意识的培养。那么什么是创新创业精神和意识？创新创业精神和意识就是对大学生开拓思想的培养，形成自信、坚持、积极主动、坚韧的品质和敢于承担风险、独立自主的意识，只要能够形成高校大学生的这种精神和意识，无论大学生未来是否从事创新创业事业，必然都会对大学生未来的职业发展、人生轨道产生重要的影响和积极的推动。在新的时代，创新创业教育要以立德树人为宗旨，坚持以大学生精神和意识的培养作为教学的核心内容，以此为中心建立一个新时代大学生创新创业教育的长效体系和长效机制。

最后，要打造创新创业教育实践育人新生态。一直以来，我国高校大学生创新创业教育的弱项就是实践环节，这是创新创业教育的短板，高校的创新创业教育大部分重于形式而忽略内容、重于理论而忽略实践，不能从根本上增强大学生创新创业意识，最终导致大学生在创新创业的能力方面较弱。因此，开展相关教学的时候一定要以学生为立足本位，打破当前封闭僵化的教学模式，开拓出新想法、新视野、新天地，构建起创新创业教育理论与实践相结合的完整的人才培养体系，加强大学生与社会的衔接和过渡，多方参与共同努力推进高校大学生创新创业教育的发展。新时代大学生创新创业教育与之前的大学生创新创业教育相比，要求我们做到学习理论是基础，有效实践是重点，始终坚持抓好高校的实践育人。第一，要做好实践教育人的过程，必须整合社会资源，坚持协同育人的教育精神。在实际教学中，应当打破高校和企业之间、院系与院系之间、学校与学校之间的隔阂，积极整合发展中的资源和优势力量，从而形成多方合力。加强高校大学生创新创业教育的前沿性，推动创新创业教育向着目标顺利实现改革。第二，要永远保持具体问题具体分析的思想，对创新创业教育的相关实践平台建设进行有效改善，不断拓展创新创业教育的孵化平台模式，同时把创新创业教育大赛作为推动创新创业教育实践环节的重要推动力，创建一个用实践育人的新模式，帮助大学生完成创新创业的全过程。第三，坚持实施个性化的教学方式，坚持校内外和课内外相结合的新型模式，积极开展第二课堂教学，努力帮助大学生创新创业成果顺利落地。

在新时代，大学生创新创业教育一定要创建一个新的教育环境。首先，加强师资团队的建设。在新时代教授创新创业教育课程的教师，除了教师自古以来基本的职责"传道、授业、解惑"之外，教师自身还应该拥有创新精神，更应该做到成为大学生创业活动的组织者、指导者，但反观当下高校创新创业教育的教师队伍存在臃肿但不高效，培训渠道多但质量低等多方面的问题。因此，新时代大学生创新创业教育的师资队伍除了专职教师之外一定要有知名专家学者、企业高管团队共同加盟和把关。其次，使用新技术激活创新创业教育。当代中国大数据、人工智能、互联网＋的迅速发展为新形势下高校创新创业教育的发展提供了宽阔的领域，新时代大学生创新创业教育应当充分利用这些新兴工具和手段，跟上新时代的发展潮流，促进新时代创新创业教育的迅猛发展。例如，高校可以建设相关的教学资源库，利用获取的新信息建立起创新创业教育相关平台，从而提高创新创业教育的时效性。

三、新时代大学生创新创业教育与思想政治教育的关联

在新时代，大学生创新创业教育与思想政治教育不断融合，相互作用，共同推进高等教育的发展。除去创新创业教育与思想政治教育的差别点，二者之间存在相应的内在逻辑性可以实现互相的融合和贯通。新时代大学生创新创业教育与思想政治教育在对大学生

的培养目标上是能够达到相互契合的，这是它们之间第一个相同之处。高校大学生创新创业教育和思想政治教育共同包含着对大学生的全面发展能力的培养以及促进大学生的整体素质的提高这一培养目标，二者都希望将大学生培养成为全面发展的高素质人才，因此它们有着相同的培养目标。在新时代，大学生创新创业教育和思想政治教育的教学内容是相互联系的，这是它们之间第二个相同之处。针对教育这一百年大计而言，教学目标决定相关的教学内容，高校思想政治教育和大学生创新创业教育的教学内容不仅相互联系而且相互交叉，对大学生素质和兴趣的培养，适应社会的能力，世界观、人生观、价值观的形成，沟通交流能力等教学内容是二者共同的教学内容，因此二者的教学内容是相互渗透、相互联系的。新的发展形势下，大学生创新创业教育和思想政治教育的教学方式相互影响是它们第三个相同之处。针对教育这一百年大计而言，它的教学目标和教学内容都要通过一定的教学方式来实现，将理论和实践相结合的教育方式才是它们之间共同需要的，通过灌输式或填鸭式的教学方式来进行创新创业教育和思想政治教育是万万不可的。因此，它们在教学方式上是可以相互借鉴的。从中可以看出，大学生创新创业教育与思想政治教育之间存在着很多内在逻辑上的相同点，可以实现二者之间的融合和借鉴。

（一）思想政治教育"三全育人"模式与创新创业教育

习近平总书记在全国高校思想政治工作会议上指出，要坚持把立德树人作为中心环节，把思想政治工作贯穿教育教学全过程，实现全程育人、全方位育人，努力开创我国高等教育事业发展新局面。新时代的高校思想政治教育要坚持全员、全过程、全方位育人的"三全育人"模式。新时代大学生创新创业教育要把与思想政治教育的课程体系相互结合作为努力的方向，同时将思想政治教育的"三全育人"模式贯穿在新时代大学生的创新创业教育的全过程，无论是课程教学目标还是课程内容设计，无论是教学环节设计还是创新创业成果的落地，都要坚持用"三全育人"理念来发展素质教育，培养出合格的新时代的接班人和建设者。

（二）思想政治教育为创新创业教育提供指导和保障

思想政治教育可以为创新创业教育的发展提供思想指导和坚实保障，当下我国把思想政治教育作为高校教学中很重要的一个部分。一直以来，思想政治教育在我们国家的人才培养方面都扮演着重要的角色。它的起步时间早、发展时间长，已经创建了相对完备的教学体系，而新时代高校创新创业教育的开展和探索离不开思想政治教育提供的相关教学经验。主要可以从如下几个方面借鉴：首先，在培养相应的思想意识、师资力量、学科健全等方面，思想政治教育都能够提供重要助力。其次，在进行创新创业教育的教学时，大学生在以前的思想政治教育课程中学到的理论知识和实践能力使得高校能够更有针对性地开展大学生的创新创业教育，使大学生在思想深处调动起参与创新创业活动的积极性，在应对未来的社会挑战时更有信心，思想政治教育对大学生创新创业教育发挥导向作用，通过这种方式，我们将培养具有良好思想道德标准的创新型和创业型人才。最后，思想政治教育能够对大学生的实践活动起导向和激励作用，这不仅有助于大学生树立正确的创新创业观念和目标，而且对高校大学生创新创业教育的理论方面的教学和组织第二课堂活动的效用也能够有所帮助。因此，大学生思想政治教育既是新时代大学生创新创业教育发展的思想指导，也是创新创业教育发展的坚实保障。

（三）创新创业教育为思想政治教育提供新视角

创新创业教育是思想政治教育的新视角和新拓展。当下国家出现了一股创新创业的浪潮，在新时代，国家形势的变化和高校改革的发展都推动思想政治教育在持续进步。在我国，传统的教学方式一直是高校思想政治教育所采用的，这样的教学模式使得思想政治教育的教学手段一直较为单一，教学内容不能实际落地，通过传统教育方式培养出的大学生普遍存在理论水平较高但实践能力较弱的问题。大学生思想政治教育仅进行传统的理论知识教学是远远不够的，思想政治教育的效果将大打折扣，这时候就需要创新创业教育的参与。大学生创新创业教育具有很强的针对性，教学方法更加实用和贴近实际，更加注重因材施教等特点，作为思想政治教育的新视角和新拓展，创新创业教育充实了思想政治教育的教学体系，为思想政治教育的发展注入了源源不断的新的生命力，将思想政治教育的传统教学方式向新型教育方式转变、创新创业教育对思想政治教育教学内容的多样化和教学方法的实践化有深层的意义，真正意义上推动了思想政治教育的育人模式。

综上所述，大学生创新创业教育与思想政治教育有着内在的关联性，能够相互促进、相互影响。思想政治教育是创新创业教育的引导和导向，是创新创业教育的思想指导和坚实保障，思想政治教育也需要创新创业教育使其更加实用，创新创业教育是思想政治教育的新视角和新拓展，二者共同助力大学生全面高素质发展。

第三节　大学生创新创业教育的现状

一、大学生创新创业教育取得的成绩

创新创业教育作为大学人才培养模式的新追求和新探索，创新、发展和升华是高等教育积极适应和响应时代需求的基础。开展创新创业教育以来，通过一系列重要举措，如创建创新创业基地、举办创业大赛、加强创新创业实践活动，创新创业教育改革获得了极大的效果。原教育部高等教育司司长吴岩曾指出，把创新创业教育融入高等教育每个环节中和人才全面培养的全过程，可以在这两个环节中实现人才培养方式的转变。这种转变主要体现在以下两个方面：首先，就业教育向创新创业教育的转变，通过创新引领创业，通过创业促进就业，以达到大学毕业生形成高校毕业生更高质量更符合社会发展要求的创业就业新局面。其次，改变现有的人才培养机制，创新创业教育能够在原有的基础上通过打破专业学科、企业及学校之间的障碍，产生令人满意的融合效果，实现了大学生综合素质的真正提升，也促进了高校与企业之间的共同发展。

（一）提升教育效果，提高大学生的综合素质

就创新创业教育而言，大学生应该将它与其他传统的理论课教育区别开来，除了在校学习专业理论知识和基本专业技能，更重要的是应该学习与创新创业有关的知识经验并注重创新精神和创业素质的培养，这样才能为今后步入社会做更充分的准备。根据创新创业教育的特质，高校在进行专业学术教育的同时应该通过思想政治教育工作者对大学生进行思想教育，帮助大学生形成积极正向的思想认识和政治立场，培养其积极健康、乐观向上的人生态度。通过思想政治教育基础课程对大学生施加有目的性、计划性、组织性的思想影响，使大学生的思想认识在符合社会发展要求的同时又有利于创新创业实践的教育教学活动。创新创业教育的实施为大学生实现个体价值提供了前提和基础。

创新创业教育是时代进步和教育理论结合的新型教育，分为理论教育和实践教育两个方面，大学生通过对创新创业教育的学习可以使自身的素质得到提高。新时代对人才的要求是全面的，大学生毕业步入社会后需要尽快适应身份的转变，提升人际交往能力和沟通协调的能力。创新创业教育的开展有利于对大学生在这方面的培养。综合素质包括德智体美劳等方面的内容，创新创业教育特有的可操作的实践形式能够让大学生从中得到学习和锻炼。综合素质的高低是衡量对大学生培养是否成功的关键点，现有的创新创业教育已经让大学生认识到了创新创业的重要性和自我素质提高的必要性。创新创业教育也包括对大学生的创新创业价值观教育和创新精神的教育，在这样的教育下，大学生形成的价值观能够更加健康向上，更加符合社会的发展方向，同时对以后的学习和生活都是十分有利的。创新创业教育将社会对人才的需求与高校的教育结合在一起，通过这样的方式向学生输送关于创新创业的知识和创新创业的形式，让学生能够及时了解国家的政策导向和时事，从而增强大学生对社会的认同感和对新事物的接受程度，紧密地将思想和社会实际联系在一起，以具体情况为基础，不断锻炼和丰富自身的素质，以适应社会发展的需要。

（二）丰富高校教育内容，创新人才培养方式

时代的进步和科学技术的发展正在推动大学生重视创新创业。当代很多大学生都怀有创业的理想，在这样的实际情况下，高校就应该适当地、及时地给予指导，让大学生能够对创新创业有清楚地认识。高校的多种专业课和公共课程对创新创业教育都有着重要的辅助作用。例如，高校开展的思想政治教育目的是引导大学生树立正确的价值观，通过对有关基础课程的学习，大学生对事物的认识也的确得到了提升。在形势与政策课中，通过解读国家政策和近年的国内国际形势，大学生的视野逐渐开阔起来，也更关心国家大事。创新创业教育是时代的产物，经过形势、政策课程的学习，能够让大学生对创新创业教育有一个更为深切的感受。而这样直观的感受使大学生具有独立自主的思考能力和冷静客观的判断能力。同时，它还可以让大学生形成紧跟形势、抓住机遇的能力，从而培养出符合国家需要的创新创业型人才。

创新创业教育将大学生富有个性又渴望得到社会认可的特点与教学紧密地结合起来，使大学生的主观能动性得到了极大地激发。创新创业教育是一种实用性很强的教育形式，这种特性让创新创业教育本身更加贴近生活和大学生的实际需求，将大学生的就业需求纳入相关课程中去，增添了教育内容的吸引力，通过对教学环节的合理设置，更能够将理论与实践经验结合起来，为大学生在创新创业教育课程中寻找新的教学方法和途径。

（二）拓宽大学生的就业渠道，缓解社会压力

根据《2023大学生创业调查报告》数据显示，约有96.4%的大学生表示有创业冲动，其中近7%的学生已经着手创业。这表明，尽管创业面临诸多挑战，但大学生对创业的热情和意愿依然强烈。与2019年以来的持续调查数据相对比，大学生创业意愿更加趋于理性，受访者有更明确的发展方向。大学生创业动机持续表现为以机会型创业动机为主，表明在校大学生创业动机主流是满足自身愿望、兴趣与实现价值相结合。这些数据表明，大学生创新创业取得了良好的成绩，说明国家在支持大学生创新创业方面的力度正在加大，

出台的政策也是为了积极鼓励大学生进行创新创业，大学生通过创新创业教育能够积累理论知识和实践经验，面对高校毕业生数量的连年增加和就业机会的减少的情况，大学生进行自主的创新创业能够有效缓解这些问题。

创新创业教育应该为大学生的自主创业提供发展的基础和思路，让大学生能够实现就业多元化。创新创业教育的开展，是历史和人民的选择，符合社会发展的客观规律，为解决社会实际问题提供了思路和方法。同时，还在思想层面转变了传统的就业观和择业观，促进了人们思想的解放，能够做到与时俱进，在缓解社会就业压力的同时，也拓宽了大学生的就业渠道。

二、大学生创新创业教育存在的问题

中共中央办公厅、国务院办公厅印发的《关于深化教育体制机制改革的意见》指出，要将创新创业教育贯穿人才培养全过程，使得高校创新创业教育备受关注。大学生作为创新创业的主体之一，在中国经济改革转型和稳步增长阶段发挥着重要的作用，因此高校创新创业教育也成为高等教育改革的重要方向。我国开展创新创业教育不过十几年，无论是理论基础还是实践经验都比较薄弱，从总体上来看还处于创新创业教育的起步阶段，存在的问题还有很多。例如，大学生对创新创业教育的认识程度不够，参与度较低；创新创业实践不到位；创新创业教育停留在理论教学的情况严重，课程体系不健全；创新创业教育开展的范围不广泛，受众群体局限；等等。这些不容忽视的问题都会制约创新创业教育的开展。此外，创新创业教育的实效性也出现了不同程度的欠缺。

（一）大学生对创新创业教育的参与不足

当前，在我国高校中开展创新创业教育范围依旧有限，实施创新创业教育的学校数目不多。学校只能提供有限的创新创业教育课程的范围，创新创业课程多以选修课的性质出现，而且能够有机会接受创新创业教育的学生也是有限的。

第一，在我国开展创新创业教育的学校并不多。2017 年 8 月 2

日，教育部公布了全国第二批深化创业教育改革示范高校名单，中国人民大学、北京理工大学等 101 所高校成为"全国第二批深化创新创业教育改革示范高校"。加上北京大学、清华大学等 99 所全国第一批深化创业教育改革示范高校，共有 200 所高校入选全国深化创新创业教育改革示范高校。可以预见，这些学校未来将获得更多发展，也更注重对学生创新、创业意识与能力的培养，但是创新创业教育试点学校在我国 2542 所高校大学中占的比例却只有 7.8%，要满足中国高校对创新创业教育的需求，对比之下相差实在太过悬殊。

第二，接受创新创业教育课程教育者范围有限。研究表明，高校创新创业教育主要面向新生和即将毕业的学生进行，其他年级进行创新创业教育的学校比例不高，只占比 20%。但是，就知识的积累和教育时间而言，大二和大三年级学生也应是创新创业教育的对象。此外，工商管理硕士受到了更高层次的教育，对企业家精神有更高的接受程度，具有非常专业的知识和技能，应针对这部分人开设企业管理、创业指导等课程，激发学员的创新和创业意识，鼓励学员运用所学知识，发挥个人才智，在条件允许的情况下自主创业。

第三，进行创新创业的学生人数少。在校期间学生接受创新创业教育多以选修课或创新创业竞赛方式为主，这导致创新创业教育成为少数人参加的一项活动。但实际上，创新创业教育应该是每个学生都要接受的重要教育内容，因此创新创业教育的形式影响了大学生对创新创业教育的参与度。出来自清华大学、中国人民大学、上海交通大学、同济大学、浙江大学等 10 余所国内顶级高校的教授导师参与编制的《2021 中国大学生创业报告》共有来自全国 275 个城市、1431 所高校的 13742 位大学生参与了此次调研。

《2021 中国大学生创业报告》包含 4 个章节，归纳总结了 18 个问题的统计结果。96.1% 的大学生都曾有过创业的想法和意愿，14% 的大学生已经创业或正在准备创业。其中，500 Global China Partner 顾晓斌表示，新一代信息技术（5G/区块链/云计算/大数据）和互联网/移动互联网是大部分大学生看好的创业领域。大学生创业者倾向于先积累资金再去创业，比例达到54.8%。对于风投资本，80%左右的大学生表示了解并不深入，且仅有20.7%的受访者认为创业应该寻求风险投资机构的投资，而符合风投机构眼中"准备好的创业者"仅有2.12%。可见，大学生们对创业的热情仍然很高，但真正深入了解的仍占少数。该报告还总结了2021年十大创业趋势。其中，"大学生对待创业的态度趋于理性"是一大重要趋势。虽然大学生创业的热度并没有显著减退，但是越来越多的大学生正在更理性地看待创业。

（二）大学生对创新创业教育的认知不够

伴随着社会经济的发展，以及创新创业教育的逐步深化发展，大部分大学生都形成了对创新创业的初步认识和了解，也开始渐渐接受创新创业教育。但是，几乎很少有人能够对创新创业形成比较理性的认识，在真正意义上将教育内容与目标联系起来，其根本原因就在于大学生缺乏对创新创业教育的认识，在接受过程中往往都是被动的。

首先，大学生的创新创业教育都是被动接受的，能够真正理解的人几乎没有。大学生接受创新创业教育都是在进入高校后，受传统应试教育的影响，他们已经形成了固定的思维方式，认为只要是学校安排的课程就去照着安排上，而创新创业教育在他们眼里和其他课程并没有什么区别，不过是一门理论课程而已。他们对创新创业教育缺少具体的思考，更没有主动地将个人的发展和创新创业教育联系起来看，而是被动地接受。大学生单纯地认为，参加学校有关创新创业活动就算是掌握了创新创业教育的内容，导致学生在活动中缺乏主动地、理性的思考，处在创新创业的边缘地带。

其次，大学生形成了对创新创业教育的片面的理解，在对创新创业教育有了初步认识和了解后，大学生往往会忽视创新创业教育的整体情况，而是简单站在某一侧面看待问题。例如，他们可能会过分强调自身在创新创业活动中的作用，而忽略学校和社会在活动中重要的辅助作用；还有人认为只有高端、精细、尖端的领域才值得进行创新创业，因而放弃了常规领域；还有人认为只有找不到工作的人才会去创业等。这些片面单一的认识就是对大学生创新创业教育缺乏认知的表现。

最后，大学生产生对创新创业教育盲目跟风的状态。现在，创新创业势头正旺，而高校作为创新创业教育的主要开展基地，大部分学校都开设了与创新创业相关的课程，旨在通过创新创业教育来培养学生的创新精神和创业能力。但由于自身有限的认识，大学生还无法很好地结合实际进行选择，出现了从众现象，他们忽略自身特点，盲目地接受创新创业教育或进行创新创业活动。

（三）对创新创业教育价值引领缺失

首先，缺少思想政治教育对创新创业教育的价值引领。当前我国高校开展的创新创业教育并没有与高校思想政治教育课程结合起来，创新创业教育的方法和思路都来自思想政治教育，它决定了创新创业教育能否为社会主义建设而服务。对于高校而言，仍然停留在关注学生的创新创业热情和知识收获程度方面，而忽略了对大学生进行创新创业意识的培育。思想政治教育重视对学生在思想层面的引导，面对大学生在创新创业教育中存在的急功近利的功利主义和盲目选择的从众心理等都需要思想政治教育来进行一些有效的价值干预。大学生作为社会群体的一部分，应该拥有符合社会发展的价值观念，而这样的价值观念则是思想政治教育中不可缺少的重要部分。

其次，过分关注创新创业的经济意义，忽略价值意义的引领。对于大学生本身而言，创新创业最为直接的目的是获取更多的财富，能够让自己和家庭实现财富上的积累。对于社会而言，同样是将创新创业带来的经济价值放在首位的。这样的思想在价值多元的社会生活中，极易形成拜金主义思想或功利主义，只是片面地将创新创业活动当作赚钱的手段，可能会接受弄虚作假的情况。这对于创新创业教育的发展和大学生自身发展都是极为不利的。大学生进行创新创业时，在一定程度上会过分强调自己的权利和需要，这样就容易出现个人主义的价值观，使得部分创业发展出现偏离社会主流发展方向。大学生作为还在成长的个体，知识储备、选择能力和判断力都存在不足，需要通过不断地学习和提升，将已经形成的价值判断内化为自身的认识。

（四）创新创业教育实践教学缺位

随着社会和经济的高速发展，社会的人才需求也发生了很大的变化。作为经济发展动力的教育来说，人才培养是教育的重中之重，因此教育的力量是不容忽视的。但就目前情况而言，高校毕业生就业难已成为全民热议和关注的热点问题，因此高校在进行人才培养时，更应该注重创新创业教育，提高人才的基本素质，为大学生更好地发展提供筹码。虽然目前看来我国高校的创新创业教育进行得如火如荼，各类创新创业大赛开展得风生水起，但是对于创新创业教育实践教学的缺位必然会影响高校创新创业教育的实效性。

第一，在教育理念上，教育部发行的专业目录中还没有创新创业教育的相关专业。这表明，从国家宏观层面上来看，创新创业教育目前还只能称为课程不能称为专业，因为目前它还没有被确立为单独的专业领域。各方面资源的不足阻碍了高校大力开展创新创业教育。目前，创新创业教育的理论研究严重脱离了社会现实的需要，创新创业教育的现状和必要性依旧是研究的重点，这种研究不过是在表层对创新创业教育进行理论性描述，并没有足够认识到深层次的创新创业教育的根本性问题，例如怎样有力地进行创新创业教育。要在真正意义上提高大学生创新创业的实践能力，并将这种能力转化为现实生活需要的社会生产力，这不仅能够实现教育的目的，还能够解决社会热点问题。由于在深层认知层面存在不足，创新创业的理论教学在广度上存在狭隘，就创新创业教育本身而言，没有将研究的角度延伸到与创新创业相关的领域，而是大都局限在创业技能和创新精神本身。例如，创新创业和国内生产总值之间的增长是否是正相关的关系、创新创业教育是否可以助力经济的持续发展、以及创新创业教育在制度建设方面所面临的种种阻碍等。关于这些问题，我国的创新创业教育研究还十分匮乏，很多研究还处于空白阶段。

创新创业教育的理论在学术界的研究相对不足，无论是在教育内容还是在教育方式上都比较缺乏。当前，我国学术界对创新创业教育的理论研究主要是以定性研究为主，而缺乏定量研究和实证研究。理论研究更多的是停留在纸上谈兵阶段，缺少与现实社会的对接，使研究的成果不能在现实生活中得到证明，这就形成了理论研究"不接地气"的现状。另外，大多数关于创新创业教育的研究成果都发表在《教育与职业》《科技信息》《职业技术教育》等期刊当中，学术期刊无法为发表的"纯粹"的创新创业学的学术论文找到相对应的内容。目前，我国高校关于创新创业的教材绝大多数都是从经济学角度出发进行编写的，从管理学、心理学等角度编写的创新创业教育还没有，这就使得高校在开展创新创业教育的时候缺少课本，严重阻碍了我国高校开展创新创业教育的进程。

第二，就课程载体来看，高校目前开设的关于创新创业教育的课程多是与创新创业相关的专题讲座或者选修课，并且有一些高校会组织学生参观一些成功的创业园区或参加创新创业大赛，这些相关的教育课程都是零散和片段式的，并不能为大学生提供完整且具有逻辑的创新创业教育课程。这些课程在一定程度上忽视了大学生所需要的创新创业精神，而创新创业精神又是创新创业教育相关课程培育的重中之重。高校应以创新精神、创业技巧以及成功案例为主进行创新创业教育，现有的创新创业教育忽视了学生必须具有的创业意识、创新精神和能力，只是在实操层面指导创新创业活动，这并不符合创新创业教育深层次所要培养人才的目的，也不符合创新创业教育想要教授的内容。另外，我国高校目前还没有开设创新创业教育学专业，这也是不利于对创新创业教育进行理论与实践研究的。创新创业教育脱离学科专业，而创新创业实践缺少有力的专业支撑，这样就直接影响了我国大学生创新创业教育的实效性。

第三，衡量对某学科的看重程度，一般认为师资队伍力量是重要的依据。对创新创业教育的重视程度，从高校在课程的师资力量的分配上就能看出来。为了促进创新创业教育的有效和积极开展，无论是在数量还是在质量上，教师都是不容忽视的重要因素。但从我国目前从事创新创业教育的教师情况来说，仍然存在很大差距。

首先，我国高等院校创新创业教育专职教师数量不足。当前我国高校的创新创业教育大多都渗透在就业指导或者其他相关课程当中，真正研究创新创业教育的教师数量并不能满足高校对于创新创业教育专家的人才需要，专任教师在高校中的占比极其低甚至可以忽略不计。

其次，从事高校创新创业教育的教师专业素养不够，教育者必须拥有十分丰富的知识理论，在此基础上有直接或者间接的创新创业实践经验，同时还要具有创新创业所需要的心理素质和道德品质。目前，我国高校在开展创新创业教育时，教师的来源主要有两方面：一方面是在高校中教授其他课程的老师顺带对学生进行创新创业教育，或由从事就业指导工作的老师开设关于创新创业的选修课；另一方面则主要是从社会中邀请一些企业家或者学者来学校开一些讲座，而他们则拥有着丰富的创新创业实践经验。但是无论通过什么渠道请来的创新创业老师都是兼职教师，他们都不是对创新创业进行深入研究的专家学者。这样的结果就是，创新创业教育的整体把握欠缺，理论知识与实践经验结合不足。从国外的情况看，我国的创新创业教育的教师素质还不够，师资质量整体不高，英国从事创新创业教育教师有 21% 是兼职教师，98% 的教师有过创业管理经验，70% 的教师曾经创办过自己的企业。

最后，创新创业教育的授课教师缺乏实践经验。创新创业教育与普通教育相比有自己的特点，不仅需要对专业知识和理论进行学习，还需要在创新创业的实践活动中积累经验并取得成绩，这就对从事创新创业教育的教师提出了比普通教育教师更高的要求。而我国高校的教师，大多数都是一毕业就回到学校担任教学工作，专业理论知识虽然接受过系统地学习，但是很少有拥有实际创业经验的。此外，由于各大高校对于教师标准的限制不同，很少能有教师既拥有实战经验，又能进行理论研究。这使得教师很难给予学生关于创新创业的针对性指导和教育。

综上所述，创新创业教育应该由全职教师和学生顾问进行较为系统的理论教学，然后通过企业管理人员和创新创业的成功者对学生进行实践教育，将两者有效结合起来，实现全方位、多角度的人才培养。通过这样的教育方式，学生不仅能够在理论知识层面获得丰富的收获，还能吸取实践经验，能为将来创新创业的实践活动提供坚实的基石。

（五）各地落实创新创业教育政策参差不齐

教育部规定进行自主创业的大学生可以充分享受学校开设的和创业相关的教育资源，休学创业的大学生学籍可以保留 8 年。对此各地政府也都结合当地实际情况，颁布了具体实施办法。大学生作为创业群体需要可操作性强的具体政策支持，目的是希望通过政策的扶持来帮助大学生进行创新创业活动。但由于各地的差距，还是存在政策扶持的不足。

首先，相对于北方，江浙地区等沿海城市对于高校学生创新创业提供了更为妥善的扶持政策。其中主要举措为：拓宽聚才引才渠道、提供专项补贴支持、实施杰出创业人才培育计划、加大高层次留学回国人员项目扶持力度、加大创业项目扶持力度等，并制定相关的创新创业资助补助计划。例如，杭州为深入实施创新强市、人才强市首位战略，根据《国务院办公厅关于进一步支持大学生创新创业的指导意见》（国办发〔2021〕35 号）精神，特制定《向未来·大学生创新创业三年行动计划》（2023－2025），在加大创业项目扶持力度方面，毕业 5 年内的高校毕业生或在杭高校在校大学生，在杭州范围内新创办企业，经评审通过后可获得 5 万至 20 万元资助。优秀项目可采取综合评审的办法，给予最高 50 万元的资助。

其次，浙江是中国改革的先行者。随着经济的不断发展，在创新创业的浪潮中更好地响应国家政策，浙江省不断完善创新创业制度。第一，颁布政策文件。例如，《浙江省人才发展"十四五"规划》《浙江省国民经济和社会发展第十四个五年规划和二〇三五年远景目标纲要》等。第二，制定新型的创新创业人才引进计划。例如：《浙江省人才发展"十四五"规划》《2022 年浙江省海宁市"英才聚潮城"引进高层次人才计划》等一系列人才政策。

（六）企业对接高校创新创业实践渠道不畅

首先，高校与企业间缺乏互动。创新创业教育的实践性对高校寻找与企业合作的强烈愿望起到了关键作用，但由于我国高校毕业生的创业成功率过低，企业在与学校合作时顾虑较多，很难引起企业的兴趣。根据《2023 年中国大学生就业报告》数据显示：毕业三年后有 7.5％的大学生在自主创业，创业的存活率下降。这样的现实阻碍了企业与高校创新创业实践的对接。从目前的情况来看，许多的校企合作主要是依靠外在力量推动的，如政府或相关基金会。因此，高校在与企业的合作上还存在着很大的可拓展空间。

其次，高校与企业间缺乏长期有效的合作机制。就目前掌握的情况来看，高校与大学生职业生涯规划与就业创业问题研究企业之间的创新创业合作大部分都是短时间的，正式的合作形式也比较少，合作基础比较薄弱并且容易受到其他因素的影响。这让高校与企业在推进大学生创新创业方面充满了不确定性和偶然性，不能很好地促进大学生创新创业的发展。

最后，高校与企业之间合作方式单一化。目前，高校与企业之间常见的合作方式是"创新创业人物进校园"，开展一些创新创业相关活动，如创新创业人物演讲、创新创业论坛和创新创业沙龙等。这样太过单一的形式很难让大学生的创新创业实践以企业为依托，从全局来看，高校与企业之间在人才培养、创新创业基地建设和创新创业教师聘任等方面的合作形式并不多见。

纵观我国大学生创新创业教育的发展，虽然自启动以来，国家一直对此有一定的关注，但不得不承认在"大众创业，万众创新"政策提出之前，高校创新创业教育一直处于可有可无、不受重视的地位。

（七）高校创新创业教育体系不完善

我国高校的创新创业教育一直以来比较侧重于对大学生的理论教学方面的培养，缺乏实践教学，导致大学生的创新创业能力比较薄弱，没有办法真正实现对大学生能力培养的飞跃。

第一，各地高校的创新创业教育发展不均衡。各高校已经落实国家的要求，设置了创新创业的相关课程，但是由于把创新创业教育课程设置为必修课的时间不同，导致其发展成熟度也不同。在一些早年设置创新创业教育的试点高校，创新创业教育已经发展得比较成熟和稳定，相关的培养体系已经初步完善，这部分创新创业教育已经发展较为成熟的高校，其创新创业教育必然能够真正地鼓励该校大学生创新创业，甚至其中的一些高校已经有了相关的创新创业成果。但是，除了这些高校，在大多数高校中，创新创业教育只是处于初期起步阶段，有的高校甚至连教学目标和教学任务都没有明确，没有因地制宜地具有本土化特色的教材，教学比重少，无法贯穿日常教学，导致各高校创新创业教育整体发展很不均衡。

第二，高校创新创业教育的成效不符合预期。很多高校是为了响应国家号召开设的创新创业教育课程，使得创新创业教育流于表面，成为面子工程，即便是召开讲座也是走过场，没有实质性的结果落实。高校在自身的整体发展规划和课程安排中，没有将创新创业教育作为主要的内容去进行学生整体教学工作，只是将创新创业教育作为一个单独零散的支系，无法实现对大学生创新创业实践活动的长期跟踪和指导。另外，创新创业教育本身就是一种具有创新性和独特性的教育形式，相比其他的教育内容更加应该坚持以学生为主，做到根据学生的特点进行教学。但是有很多方面的因素限制着创新创业教育的发展，导致高校的创新创业教育只能采取全面性的教学方式来开展相关工作，采用统一的教学课程体系，这样就没办法充分考虑到每个学生的差异，由此在很大程度上降低了大学生创新创业教育的效率。

第三，各个高校创新创业教育的师资水平相差较大。整个教学过程的关键在于教育者，教育者的质量会严重影响教学的质量。在美国，创新创业教育中的教育者都是由专业人士担任，但在当下我国的很多高校中，教授创新创业教育课程的教师基本上都不是专业的教师，并且采用兼职的形式，这些教师也没有丰富的相关实践经验，导致创新创业教育从上到下的专业化素质程度都不高，从思想观念到理论教学，再从理论教学到实践教学，都没有办法做到对大学生专业化的指导，教学过程无法做到对大学生的积极调动，非专业的教育者自身没有创新创业的思维和意识，更不用提对学生能够进行高效的引导和开发，最终无法达到理想效果。

第四，课程体系呈现不系统的特点。虽然在新时代下，各地高校一直都在不断尝试进行相关创新创业教育的课程体系的完善，但高校创新创业教育课程体系还未实现系统化，主要问题包括：课程较为零散，完整的课程群没有形成，不能与其他学科课程之间进行有效联系；高校的创新创业教育系列教材不够科学化，无法实现多层次覆盖，如今课程内容涉及范围较窄，导致创新创业教育课程体系的科学性和系统性大大降低。

第五，创新创业教育的相关评价体系健全度不够。通过日常的考核能够及时发现问题，从而提高教学质量和教学水平，但如今大多数高校的创新创业教育在期末考核时依旧沿用常规的考核方式，多以理论考核为主，仅限于期末提交相关论文的方式，没有多样化的灵活考核方式，学生的学习成效无法真正体现出来。同时，高校在对课程的质量评估体系、教学评价体系上都没有提出明确的细节，评价也多为校内评估，缺乏规范性，评价指标的设置缺乏系统理论支撑，内部评价体系不够健全，外部评价体系更是空白，导致总体上无法形成规范的创新创业教育课程评价体系。

三、新时代大学生创新创业教育调查设计

（一）调查问卷

在阅读了相关文献后，笔者分析了新时代大学生创新创业教育的实际情况和影响因素，设计出相应的调查问卷。问卷包括大学生对创新创业教育的态度、高校创新创业教育实施情况等，在辽宁高校中发放问卷 1000 份，有效问卷 890 份，并通过详细的分析，了解新时代大学生创新创业教育的进展和问题，明确了目标和方向。

（二）调查对象

本书主要对辽宁高校大学生的创新创业教育现状进行了一定的考察，调查具有一定的代表性，该调查能够反映出新时代大学生创

新创业教育的主要特征和发展状况。之所以选择辽宁高校大学生进行调查，是出于便利原则，希望能扩大调查的范围，确保问卷结果的真实性。同时，在调查中选择了不同类型的高校，突出不同层次高校创新创业教育的现状，以此增加论文的科学性和典型性，更加突出地反映新时代大学生创新创业教育取得的主要成绩和存在的主要问题。

（三）调查结果

被调查对象的基本情况见表4—1。通过对辽宁高校大学生进行调查并对问卷结果进行分析，在了解了大学生对创新创业教育的态度、高校在新时代创新创业教育的发展现状等多方面的情况之后，能够分析出新时代大学生创新创业教育存在的现实问题。

表4—1　　　　　　　　　　调查对象基本情况

变量	变量内容	数量（人）	百分比（%）
年级	大一	107	12.02
	大二	142	15.96
	大三	258	28.99
	大四	383	43.03
生源所在地	大城市	39	4.38
	中等城市	226	25.39
	小城市	265	29.78
	乡镇	360	40.45
就业意向	找工作	391	43.93
	考研	206	23.15
	考公务员	129	14.49
	创新创业	164	18.43

根据调查问卷显示，第一，对于大学生来说，他们在毕业时的首要选择还是努力找工作，一部分大学生选择考研，在应对当下严

峻的就业形势的同时提升自身的未来竞争力。第二，通过调查问卷可以得知，大学生在面对职业选择时主动选择创新创业的人较少。第三，可以看到，当今新时代大学生的职业选择呈现多样化的特点，也可以看出我国存在着就业形势严峻和社会对人才学历要求的提高等问题。

表 4－2　　　　　大学生对创新创业的态度调查统计表

变量	变量内容	数量（人）	百分比（％）
是否考虑创新创业	非常愿意	127	14.27
	可以考虑	284	31.91
	不考虑	479	53.82
创新创业中最大的障碍（多选）	资金	762	85.62
	社会资源	660	74.16
	政策支持	593	66.63
	信息渠道	546	61.35
	社会关注度	383	43.03
	学校鼓励与支持	315	35.39

　　从调查问卷中可以看出（表 4－2），新时代的大学生不像以前的大学生对创新创业非常排斥。在新时代，部分大学生愿意去尝试进行创新创业，但大多数学生还是不愿意去进行创新创业的相关活动，这也从侧面说明了新时代大学生进行创新创业活动的意识已经有了萌芽。首先，从调查中我们还可以发现，对大学生而言，资金问题是阻碍他们进行创新创业最大的障碍。其次，是社会的资源和国家的政策支持等因素，由此我们可知，虽然在新时代大学生创新创业的意识在逐步提高，这是值得肯定的成绩，但是主动选择进行创新创业活动的大学生人数依旧比较少。由此可见，大学生们受到多种多样的因素影响，他们的相关创新创业活动还需要多方面的帮助和指导。

表 4—3   创新创业教育实践情况统计表

变量	变量内容	数量（人）	百分比（％）
对学校创新创业教育参与情况	非常积极	166	18.65
	比较积极	297	33.37
	一般	362	40.67
	不积极	65	7.3
学校创新创业教育实施情况（多选）	创新创业课程	890	100
	创新创业讲座	539	60.56
	互联网平台	315	35.39
	校内外孵化基地	291	32.27
	校企合作	226	25.39
	其他相关学科课程	174	19.55
创新创业教育的师资	兼职教师	586	65.84
	辅导员	132	14.83
	专业的专职教师	103	11.57
	企业家	69	7.75
当前创新创业教育的不足（多选）	教育观念落后	524	58.88
	师资力量不完善	682	76.63
	资金支持不充分	786	88.31
	氛围不浓厚	541	60.79
	课程体系过于应付	453	50.90
	政策支持不到位	383	43.03

　　由调查问卷可知（4—3），第一，在新时代背景下有很多大学生都有参与到创新创业教育中的想法，但整体上对创新创业教育的参与程度依然不高，这证明新时代大学生依旧没有从思想上真正接受创新创业教育。第二，高校除了在国家的政策要求下都设置了创新

创教育课程以外，在很多高校中创新创业教育的其他实施形式不够完善和多样化。第三，在师资方面，教授创新创业教育课程的教师很多都是高校在校内临时安排的，大多都是兼职教师或是辅导员，教师自身的专业性不强，不能给予大学生更加专业的指导和帮助。第四，除了师资、资金等因素外，教育观念的落后、课程体系的不全面、创新创业教育气氛不够浓厚、政策支持覆盖面窄等多方面的因素都已经成为新时代大学生创新创业教育发展的阻碍。

第四节　大学生创新创业教育存在问题的原因分析

既有问题，必有原因。只有追根溯源才能更好地解决问题。探索当下大学生创新创业教育存在的问题的相关原因，笔者认为与社会环境、高校、大学生自身有着密切关系。

一、社会原因

（一）传统落后观念的束缚

进入新时代之后，高校大学生创新创业教育整体的环境与以前相比有了长足的进步，但是依旧没有使大学生的创新创业教育意识完全树立起来，自身思想观念停滞不前导致大学生对创新创业教育的积极性和参与度很低，追寻原因，这在一定程度上与我国沿袭千年的传统儒家文化是分不开的。自古以来，无论是重农抑商政策和学而优则仕的思想，还是现在整个社会存在的一种功利性的价值倾向或是"铁饭碗"的传统思想，都一直作为一种无形的信仰根植于中国人的生活观念中，传统落后观念的束缚对大学生创新创业教育的阻碍比较明显，这些旧思想严重影响着大学生对创新创业教育的认知程度，对接触创新创业教育的相关活动没有主动性和积极性。"创业教育之父"蒂蒙斯教授曾指出功利性创新创业教育的弊端，他认为，如果没有将创业意识和创业精神真正融入到学生的思想和个人品质中，单纯教授创业知识不能增强学生创造和把握创业机遇的能力，更谈不上拥有创业能力。除了我国传统儒家思想的根深蒂固的影响之外，应试教育思想也一直贯穿于当代每一个大学生的学习生涯，分数衡量一切的思想无法发挥出创新创业教育的相关特点，压制了大学生的全面健康发展，通过传统应试教育培养出的一部分大学生没有主动创造性，扼杀了大学生的创新思维，甚至对大学生的自信心、进取心和独立性都有消极影响，导致大学生对创新和创业没有想法。因此，大学生们必然对创新创业教育开设的课程和活动满不在乎，仅仅当作学习任务来完成，影响了整个社会的创新创业教育氛围，对开展高校大学生创新创业教育产生了一定的障碍。

（二）多方合力体系未形成

国外的大学生创新创业教育自始至终都不是某一个主体的单一行为，从来都是政府、高校、个人的合力，是多方力量共同的责任。因此，在新的发展形势下，如果要想推动我国各高校创新创业教育完备的教育体系的构建，就需要政府、高校、企业等多方力量的共同参与。高校大学生创新创业教育是一个存在很强社会性的教育学科，但反观当下，由于受地域环境、经济发展、高校特色、企业的思想观念等多方因素的制约，政府、高校、企业三方的合力并未形成，无法将相关指导和服务贯穿大学生创新创业活动的始终，也不能为大学生创新创业教育持续发力，创新创业教育的相关政策不能做到真正的落实，整个社会最终无法形成有利于大学生创新创业教育发展的开放氛围。

（三）创新创业教育基础设施不完善

研究了英国高校创新创业教育的发展状况之后，我们可以初步得出相应的经验和结论，英国高校在大学生创新创业教育的过程中总是在持续不断地健全相关基础设施的建设，以此为大学生创新创业教育的顺利开展提供了保证。就我国当下发展现状而言，社会给予当代大学生创新创业教育的相关基础设施比较匮乏且不完善，主要表现在政府政策落实不到位、社会资金投入不到位、校内外资源不能有效融合孵化、平台建设不符合规定等。这些不足使得大学生主动进行创新创业尝试的意愿不强，间接成为大学生进行创新创业活动的阻碍因素，对大学生创新创业的成果也不能做到有效保护，大学生创新创业困难重重。

二、高校原因

（一）实践育人理念滞后

新时代要求高校大学生创新创业教育必须树立实践育人的教育理念，始终坚持将实践育人摆放在教育的关键地位上，一切创新创业教育成功的经验都告诉我们，只有重视了实践环节，才能从根本上提高大学生创新创业意识和能力。但在我国的很多高校中，大学生创新创业教育仅仅停留在开设必修课程上，不能坚持实践育人的方针，相关实践环节没有受到大家的高度重视，大学生创新创业教育真正的效用性无法有效发挥出来。

（二）高校发展水平不平衡

我国幅员辽阔，国家对各地区的经济发展、政府措施、政策落实等方面存在着不同的要求和管理方式，无形中使得各地高校创新创业教育的发展水平也各不相同。有些地区高校众多，相关教学资源雄厚，创新创业教育的发展时间也早，必然对创新创业教育的平台建设、学研的结合等都在无形中有巨大的帮助，而有些地区高校教育资源薄弱、发展时间晚，不能形成合力效果，开展创新创业教育活动较难。同时，除了教育资源之外，有些地区的经济条件发展好、地方支持强，有利于高校创新创业教育紧跟时代潮流，与时代共同发展，有些地区的经济基础差、发展落后，政策落实也比较缓慢，导致大学生创新创业教育缓慢不前。因此，不同学校存在不同的实际情况，这些都成为阻碍创新创业教育顺利进行的关键。

（三）"三全育人"模式的落实存在差距

思想政治教育是创新创业教育的思想指导和坚实保障，高校应该将思想政治教育的"三全育人"模式贯穿在创新创业教育的全过程之中。反观当下，无论是课程教学目标还是课程内容设计，无论是教学环节设计还是创新创业成果的落地，大多数高校都没有将思想政治教育的"三全育人"模式利用起来，大学生创新创业的思想意识无法有效提高，创新创业教育的实际效用很低。

（四）未形成良好的创新创业校园氛围

首先，课程体系存在一定程度的不完善。除了那些发展较早且较成熟的部分创新创业教育高校外，在我国的绝大部分高校中，创新创业教育一直没有形成一个完整的培养过程，也没有专门组织一个机构来管理这件事，没有规范的教材和课程体系、没有专门的培养载体和手段。但是完善的课程体系对高校创新创业教育非常重要，课程体系的不完善直接导致各高校在进行大学生创新创业教育时只能自由发挥，最终高校大学生创新创业教育仅仅是隔靴搔痒，没有实际效果。而且，在高校中专门进行创新创业教育的专职教师非常少，完整的教学评估体系和持续的创新创业指导服务没有形成，对大学生的参与积极性调动不够，纸上谈兵的特点尤为明显，无法真正落实到社会实践层面。

其次，联动支撑体系不完善。如果想使新时代大学生创新创业教育发挥出好的作用，学生工作、就业中心、团委等各部门一定要协调合作，形成合力推进大学生创新创业教育的发展。但在当下很多高校中，大学生创新创业教育的推动力和支持力是相互脱节，仅仅为单一部门的工作任务，没有形成联动机制，必然产生可操作性差、效果不理想的弊端。如果无法形成一个多方联动体系和开放的外部环境，必然会延滞高校大学生创新创业教育的发展。

最后，大学生创新创业教育的氛围较为冷清。在很多发达国家，政府的支持对大学生创新创业教育来说非常重要，得到整个社会的广泛支持更重要，因此他们的社会氛围非常浓厚。而我国高校的创新创业教育实践平台处于非常薄弱的阶段，大学生每次在学习完理论知识后无法直接付诸于亲身实践，再加上未真正落到实处的政策、资金的短缺等多种因素的影响，让那些对创新创业有意愿的大学生打了退堂鼓。而且，高校对于国家鼓励创新创业的政策宣传也并不到位，在很多高校的官方网站微博、微信上并未发现相关信息，这一切都使得大学生对创新创业的了解仅仅停留于课程的学习上。从整体上看，高校创新创业教育的氛围比较差，大多非创新创业教育活跃的地区都不重视"软实力"的培养，没有形成有利于大学生理论学习与实践活动的培养环境，因此大学生创新创业教育的整体氛围较为冷清。

三、学生原因

（一）创新创业的主动性有待提高

我国大学生创新创业率与发达国家相比较低，虽然新时代部分大学生接受了创新创业观念并且愿意做出尝试，但很多大学生受传统落后观念的影响依旧墨守成规的心态，就业期望值过高，不重视创新，认为创新创业风险太大，基本上都希望在自己毕业以后能够找到一份安安稳稳的工作。家长也基本上希望孩子在毕业后能够找到一份稳定的工作，因此对孩子进行创新创业持反对意见，无论大学生自身还是家长都没有将创新创业纳入自身发展计划，而将创新创业这个选项排除在自身职业选择之外，导致大学生在创新创业方面没有主动性，创新创业意识薄弱，认为创新创业教育的开展只是专门针对有创新能力和创业意愿的一部分人而展开的，从而导致大学生创新创业教育无法顺利开展。

（二）缺少持之以恒的精神

当代大学生多是独生子女，其在家庭中的受溺爱程度比较深，畏惧挑战新事物，缺乏吃苦精神和持之以恒的精神，无法走出家的港湾，难以承受失败的打击，导致大学生不愿意尝试有挑战性的创新创业活动。同时，我国多年来的应试教育使得大学生长期生活在"象牙塔"中，缺乏创新精神，缺乏社会经验和实践锻炼，难以将创新创业教育的理论知识和现实实践相结合，这些都不利于大学生创新创业教育的发展。

（三）创新创业认识不足

对正在进行创新创业实践活动的大学生进行调查后发现，对大学生进行创新创业教育的出发点失之偏颇，这部分大学生进行创新创业活动仅仅是为了解决自身就业问题，因此他们始终不能积极主动地参与到创新创业实践活动中，不属于主动型的创新创业活动。

另一部分大学生在进行创新创业实践活动之前，没有真正了解创新创业的相关知识，对创新创业的认识不足，脑子里只存在着一些不切实际的想法，因而无法保证创新创业活动的连续性和成功性。

第五节　加强大学生创新创业教育的对策

一、加强创新创业教育的宏观规划

（一）树立以创新驱动发展战略为主题的教育理念

分数高但能力低的现象长期存在于我国高等教育的发展中，一直以来，我国的高等教育不够注重实践，传统的授课形式和授课内容并不关注大学生创新精神、创业能力的培养，应届大学生在毕业时的人生道路选择也非常有限且固定化，而大学生创新创业教育应当侧重于人们的全面发展。因此，在大学生人生的发展中，创新创业教育扮演着不一样的角色。理念是行动的先导，学校要改变老旧的教育理念，坚持"用创新带动国家的发展"作为新的发展形势下高校大学生创新创业教育的主题，树立正确的教育理念，用正确的理念指导正确的行动，培养大学生创新创业的实际能力，增强大学生创新创业的持续性。创新创业教育不仅要提供给大学生技能，更应该提供给大学生一种精神、一种文化，教会学生的不应只是创新创业，更应该是方法、理念和精神。因此，政府要以科学合理的创新创业教育理念为基础制定各项政策，让创新创业的活力充分展示出来。

（二）切实完善好创新创业教育配套政策

我国是依法治国的国家，任何事情都要以法律为准，我们首先要从立法角度保证大学生创新创业教育的实施，各地方政府要按照国家要求切实落实和完善好国家相关的政策体系。对于大学生创新创业，除了前期的政策支持外，后期保障工作也是非常重要的。例如，政府可以做到在前期的时候降低市场准入门槛，简化审批流程和时间，并且对大学生创造的知识成果进行保护，促进智力成果的转化；在大学生职业生涯规划与就业创业问题研究后期同样要加大国家财政对创新创业教育的支持，为大学生创新创业者提供免费的或低租金的场地帮助他们享受税收优惠政策，免收一定时间内相应的行政事业类税费，允许初创企业资金分期分步到位；对于资金不足的初创企业，政府要主动帮助他们申请小额贷款或是吸引外资、寻求企业等社会力量进行投资，营造多方面的投资环境，并给予一定的资金补贴，减少大学生因为资金原因造成创新创业失败的情况；建立救助服务体系，减轻大学生创新创业者的不安全感，从经费、设施、项目等多方面扶持大学生创新创业，为大学生创新创业护航无死角。

（三）打造创新创业教育的良好社会环境

首先，各地教育部门要与多个部门联动起来，多方协调配合，形成联动机制，为大学生创新创业教育发展打造一个良好的社会环境，对于那些有创新创业意向的大学生来说，有针对性地开展多种创新创业培训，同步将一些成熟的项目引入高校，并能与各地区、各高校特色相结合，使其成为更适合地区、高校的创新创业项目。充分利用教育部的信息服务平台，展示创新创业项目和信息，全程模拟创新创业的过程，有专业性、有针对性地开展"一对一"的咨询和指导，大学生创新创业的效率普遍提高。政府要帮助企业和高校合作打造一批高质量的、多层次的创新创业孵化平台，联合发挥出高校、政府、企业的作用，使资源实现优势互补，不断加强孵化平台的相关功能，强化创新创业的综合服务水平，让政策不再受"最后一公里"的困扰，为大学生创新创业者的便利发展提供条件。

其次，政府可以通过各种渠道和手段进行广泛的创新和创业教育的交流。以媒体等多种方式为载体积极宣传国家和政府对于创新创业的支持和政策，帮助大学生充分了解党和政府对新时代大学生创新创业的支持，增加大学生创新创业的参与度。

最后，文化的力量具有潜移默化的特点，政府应大力宣传优秀毕业生创新创业的模范典型，并邀请成功的企业家进行分享，在文化的潜移默化中做好对创新创业的思想引导，从而对大学生创新创业产生深远持久的影响。同时，大力举办创新创业相关竞赛活动，以比赛的形式为载体寻找到优秀的大学生创新创业者，同时也为这些大学生创新创业者争取到社会组织的大力支持，使项目真正落地，建立全方位、多渠道的创新创业教育社会支持体系，如此大学生创新创业才有坚实的保障。

二、建立并完善高校创新创业教育体系

（一）充分发挥思想政治教育的导向作用

首先，大学生创新创业教育要与时俱进，转变教学理念，坚持以培养创新创业意识和精神为内容，从多方面提高大学生的素质，在此情况下，大学生个性和潜能才会被挖掘出来。大学生创新创业教育不仅属于一个学院的工作或是一个普及的教育形式，而是每所高校都应该有自己的创新创业教育的方式方法，让创新创业教育普及到校内各学院，让创新创业教育随处可见。同时，要将创新创业教育纳入学校整体战略规划中并制定明确的奖励制度，让创新创业教育教学理念得到全面转变，并建立适合本校创新创业教育发展的完善体系。

其次，高校要将创新创业教育和思想政治教育融合起来，使思想政治教育的导向作用充分发挥出来，用思想政治教育的育人模式帮助大学生创新创业教育发展。我国长期积累的思想政治教育经验为高校创新创业教育的开展提供理论指导和实战平台，坚决要发挥好思想政治教育对创新创业教育的重要作用。高校要透过现象看本质，将思想政治教育融入创新创业教育，更新培养观念，实现因材施教，注重大学生个性的发展，强化大学生思想素质的提高，培养出国家需要的创新和创业型人才。高校要实现二者形式和内容的相互融合，不仅在理论上，更在实践上全面提升大学生创新创业能力。在理论学习上，思想政治教育和创新创业教育的相互渗透，使得相应的教学资源得到扩充、思想政治教育在课堂上的吸引力不断增强，使大学生的创新创业知识丰富起来，而且从思想政治教育角度加强

思维的开发。在实践中，思想政治教育和创新创业教育的结合，有利于培养大学生独立思考的决策能力、竞争合作意识、抗压能力、奋斗精神、社会责任感、开拓进取的品质等多种素质。同时，要利用好组织队伍的有效作用，发挥辅导员以及团委工作积极的组织作用，辅导员在日常工作生活中要时刻关注大学生创新创业过程中出现的各种变化，调节大学生起伏的情绪，将大学生遇到的问题进行及时反馈，帮助大学生战胜困难，积极联系优秀创业者进校与大学生进行交流，充分发挥辅导员在学生和工作中良好的桥梁作用。团委应以相关日常工作为载体，以思想政治教育为引领，实现思想和实践的融合，在第二课堂中建立多样化的实践基地，让大学生走出课堂、走入社会，真正意义上提升大学生的实践能力，发挥出思想政治教育的作用，建立专业团队，做好大学生创新创业教育。

（二）建立完备的创新创业教育育人体系

第一，根据目前创新创业教育的相关发展情况，高校基本上建立了创新创业教育的相关专门组织机构。各高校应该结合本校学科特点、办学特色、培养目标等建立创新创业的组织机构专门管理和服务创新创业教育。例如，创新创业辅导中心、多功能的创新创业教育中心技术专业服务中心等，利用好专门建设的组织机构开展理论和实践教育，实现以课堂为主导，以实践为引导的教育模式，提高大学生创新创业教育的效率。

第二，创新创业课程教育体系不够完善。首先，要主动和专业教育相结合。创新创业教育是专业教育在知识经济时代创新性、前瞻性的集中体现，专业教育缺少不了创新创业教育，创新创业教育是专业教育的一个重要构成部分，因此应该将大学生创新创业教育和他们的专业教育结合起来，使二者相互融合。创新创业教育能够反映出专业领域的前沿信息和发展成果，使得专业教育不仅仅停留于理论层面，专业教育使大学生创新创业教育成为有源之水，如果舍弃了专业教育去开展创新创业教育，那么必然是舍本逐末。大学生从创新创业教育课程中获得的创新精神，运用到专业领域的学习中，有利于在自身专业领域大显身手。同时，建立通识性的课程体系，打破学科专业与创新创业教育之间的围墙，打破学院之间的割裂状态，强化多学科的融合和交流，在教学中采取鼓励的方式，让学生进行独立地思考，以便于促进创新创业整体素质的提升；学校各个环节实现通力合作，利用好各学科的学科资源优势进行重点创新创业教育并向多个学院扩散，打造多学科协同教育发展的教学体系；将专业教育和创新创业教育通识课程和实践课程相结合设置课程，根据每一个专业学科特点，打造出个性化的课程体系，解决专业教育与创新创业教育无缝衔接的问题。

其次，采用阶梯式教育模式。美国创新创业教育的课程体系采用的是阶梯式的教育模式，即对不同阶段的不同年级的学生进行创新创业教育时存在不同的侧重点。具体情况如下：大一阶段，进行创新创业教育是以帮助大学生了解相关的知识为主要目的，使大学生对未来的发展道路有一个初步的规划，意识得以初步萌芽，培养他们在生活点滴中提高自身创新创业的能力，这是大学生创新创业教育的初步阶段。在大学生初步了解创新创业相关基础知识之后的第二阶段，对大二学生有目的性、有针对性地因材施教，进行创新创业指导的再教育，在此阶段可以发挥校友的力量，让有意愿的大学生进入已经有成功经验的校友建立的公司实习并对未来所做事情的认知，同时在语言表达能力的锻炼、逻辑思维能力的相关课程上多下功夫。在创新创业教育加强心理素质方面的教育的第二阶段，是针对在创新创业过程中遇到挫折时应该怎么办的教育，以适当的心理教育鼓励大学生培养坚持不懈的精神、顽强的抗压能力是很有必要的，同时也要加强法律法规、方针政策的教育。

综上，大学生创新创业教育应该贯穿于大学生整个教学计划，基础知识在三年级开设，让学生培养基本的创新创业意识，初步对未来发展有一个规划。大学生有了创新创业意识后，经过基础知识的学习，具有一定的知识储备后明确方向，也到了面对职业选择的时候，此时应该着手进行创新创业实践活动，因此能力和实践课程此时就应该开设了。另外，可以针对有创新创业意愿的大学生单独组织成班，设置多种模块的课程，如理论——实践——体验等，最终形成面上覆盖、点上突破相结合的阶梯式教学模式。

第三，加强师资力量的相关建设环节。教师是教育资源中的第一资源，大学生创新创业教育也同样如此，教育者在一定程度上决定着教育的发展，师资队伍的力量建设决定着教育的水平，创新创业教育取得预期效果的有效保障就是高质量的师资队伍。因此，加强对创新创业教育师资力量的投入是必不可少的。

一是从教师开始就要转变教学理念。教师要摒弃原有的教学观念，有效引导，分类施教，在教学中做到以传授创新创业知识为基础，明确进行此类教育的关键是对创新创业能力的培养，认识到教育的核心是对创新创业精神的培养。如果教师不具备理论与实践相结合的创新创业能力，就不能接收到新的学习方法、实践方法、学习内容，就不能尊重和调动大学生的主观能动性，那必然不能引领学生自愿接受创新创业教育，从而无法进行创新创业的实践活动，创新创业教育的实际效果就无法达成。

二是建设专兼相结合的教师队伍。从麻省理工学院的成功经验来看，高校创新创业教育应该具备专和兼共同结合的师资力量，由学术型教师和实践型教师共同组成师资队伍，选拔一些有相关实践经验的人来进行创新。创业教育课程的传授，有可能的话可以选拔一些教师到企业中进行定期培训、参加研讨会等进修课程，更好地了解企业发展，提高自身对创新创业的理解之后再向大学生传递，完成内化到外化的飞跃。也可以邀请企业家进校讲座，成为兼职教师或是进行校园内的指导，以现实环境为教学切入点，进行相关的创业演练，让学生体验感增强，实现第一时间体验到创新创业全过程，保障在最大限度上让大学生学习到先进的创新创业相关知识，专职教师也要时常跟这些企业家进行交流学习，借鉴经验。

三是师资队伍的梯队建设也要加强。高校的师资队伍除了专业结合的特点以外，还需要具有多元化特点，每个教师的水平不可能完全一样，在教师内部可以形成相应的梯队化建设，使合格的创新创业教师源源不断地涌现。

四是辅导员的队伍建设也同样重要。要充分利用好辅导员资源，集中对辅导员进行培训，帮助辅导员成为大学生创新创业的合格指导人员，各地区也可相互借鉴交流经验。

五是建立相应的教师资源库，在各大高校里面形成教师互聘制度。教师资源库可以包括校内的专业教师、校外的企业人员、社会的创新创业成功者等多种教师资源，教师资源库结构应该得到不断优化。由此实现高校师资力量的优化和共享，可以以此弥补各高校创新创业教育发展不平衡的问题，大家互相交流学习从而缩小差异，保证创新创业教育的先进性。总之，建立一批能将理论与实践相结合的高质量师资队伍已成为燃眉之急。

（三）构建创新创业教育多样化平台

第一，当下互联网被广泛应用，"互联网＋"成为大学生创新创业教育的助推器和新引擎，使大学生创新创业的发展机遇遍地涌现。高校不仅可以通过"互联网＋"平台增加大学生创新创业成功的概率，而且能够利用"互联网＋"搭建创新创业教育的多样化平台。首先，高校要充分利用好"互联网＋"这一发展机遇，推动创新创业教育的发展。例如，可以在互联网上进行课程的教学工作，进行企业家和优秀毕业生创业者经验传授的平台，提供大学生创业者之间相互交流的机会，引导大学生合理利用资源，实现大学生与大学生之间，大学生与教师之间，大学生、教师与企业家之间的沟通与协作，大幅提升大学生创新创业的热情和信心。利用好"互联网＋"平台加强各地区间高校合作网的建立，实现各地方高校间的资源共享和优势互补的关系网络。可以创建客户端、微信公众平台、微博、主题网站、论坛等线上交流形式，为大学生创新创业教育提供全新的开放式平台。其次，多多举办不同层次的互联网＋创新创业比赛，通过这些比赛大学生们可以提高对创新创业的兴趣，萌发创新创业的思路和灵感，也能够懂得分工合作的意义，培养团队意识，提高自身受挫能力，以赛促教，全面提升大学生创新创业的相关素质。最后，大学生创新创业必然会遇到资金问题，缺乏获取劳动和周转资金的渠道和平台。目前来看，大学生创新创业的主要资金都是自筹，但是仅仅依靠自筹资金是远远不够的，也很难维持初创企业后期的生存和发展。有了互联网平台，政府和高校可以将大学生的好创意和好项目进行展示，同时利用好校友的资源提供和资金支持，不仅帮助大学生吸引志同道合的创业者和指导者加强指导，也能吸引到有意向的企业和机构的投资者进行投资，不断拓宽大学生的融资渠道，使大学生不再受资金的困扰，解决初创企业的资金难问题。

第二，加强高校的众创空间和前解化器建设。高校前解化器和众创空间是实现创新创业人才培养、校外资源整合对接的重要平台，这个平台可以充分发挥出政府高校、科研院所、企业的优势，产生教育的合力，形成相互联系、相互促进的生态系统，全面扶持和指导大学生的创新创业。

从微观上说，高校要集聚社会力量建设解化平台。把握好前解化器和众创空间的定位，使其成为产学研结合的新型平台；前孵化器和众创空间专业化的管理队伍也要创建起来，促进前孵化器和众创空间的管理水平，为入驻的团队提供多方面的专业化管理；加强与外部机构的联系，和龙头企业共办校企联合培养班，获得项目风投，使团队项目持续不断地孵化，利用好前孵化器和众创空间为所有主体力量的相互合作打开渠道，发挥出孵化平台带动创新创业实现最大化的作用体现；前孵化器和众创空间的服务体系也要完善，在软件方面，建立好学者、企业家、精英多方参与的咨询服务会，为创新创业的大学生提供专业的咨询和服务。

从中观上说，高校内部的管理机制和服务体系需要创新。高校要结合区域和自身实际情况制定出适合自己的服务制度，前孵化器和众创空间要好好利用建设起来的创新创业实践班，不间断地邀请优秀企业负责人为大学生授课，进行相关培训。如果高等学校能够帮助学生的创新创业成果直接落地是非常好的，应完善成果转化的激励政策促进成果转化，人员可支配经费充足，这样大学生的积极性会得到充分调动。实现人才培养体系的多层次化，打破教学评估、考试管理、学分设置等传统教学培养模式的改变，打破成长的束缚，让大学生拥有广阔的发展空间。

从宏观上说，树立科教融合理念，打造创客文化。一是实现众创空间跨界的融合，在周边命名"创新创业大道""挑战路"等强化创客文化的标识或建筑；二是定期深入开展创客文化节、创客季等创新创业活动，使大学生参与创新创业活动的覆盖面不断增加和扩大，全面激发出大学生参与创新创业的兴趣爱好；三是鼓励大学生多参加"挑战杯""互联网＋"等创新创业相关竞赛，提升大学生创新创业的自信心和能力；四是开展多项评选活动，从侧面推动大学生不断提高参与创新创业活动的主动性；五是校内和校外创新创业资源大量集聚，将创新创业的众多要素实现融合，优化组建"校内理论教师——校外学生讲师——市场成长导师"的多元化师资队伍，构建前乳化基金——初乳化基金——深孵化基金的资本支持链条。

三、强化个人与家庭合力推进创新创业教育

（一）树立正确的创新创业学习理念

大学生永远是我们进行创新创业教育的首要主体，创新创业教育要想取得成效，大学生必须有正确的理念指导。大学生要积极主动地了解国家支持创新创业的原因以及国家对创新创业都有哪些政策上的支持；逐渐摆脱掉传统观念根深蒂固的影响，对创新创业教育的理论教学积极参与，自觉将其他学科知识进行知识的转移，使它们和创新创业教育相结合；积极参与创新创业的实践活动，将创新创业教育的理论付诸实践，推动创新创业素质能力的提高；大学生之间也可以主动进行沟通和交流，自行创建团队，真实体验创新创业的全部过程。

（二）提升创新创业素质和能力

高校进行大学生创新创业教育不但需要政府的参与和高校自身的努力，更需要大学生能够充分调动自身的主观能动性。具体表现在：一要积极参与学校的创新创业教育必修课程；二要积极参与相关的第二课堂活动，加强自身的实践能力，形成正确的实践动机，留意生活和学习中各种各样的小事，主动寻找可以抓住的机会，在这个过程中，不仅可以培养自己的创新创业意识和精神，而且能施展个人的才华。在明确创新创业目标后，要发挥不怕困难、勇于拼

搏的精神，激励自己不断前进，有效发挥自己的主动性、能动性、创造性，提升自身素质并且增强自身能力。

（三）争取家庭的支持和配合

家庭因素对大学生的成长成才具有重要作用，家庭在培养大学生创新创业精神和能力方面有着巨大的支撑作用。因此，家长要摆脱自身根深蒂固的传统观念，树立正确的理念，给予大学生更加宽松和谐的家庭环境和更多自主选择未来职业的机会，支持自己的孩子进行创新创业活动，鼓励他们发现并且抓住创新创业机遇，增强他们在创新创业过程中的信心，发挥家庭文化对大学生产生的潜移默化的作用。

第五章　大学生职业生涯规划理论问题研究

随着高等教育大众化、普及化的到来，我国高校毕业生的就业制度发生了根本性的变革，大学生面临着越来越大的就业压力。在这一背景下，如何提高大学生的就业竞争力，帮助大学生顺利实现就业成为全社会关注的热点，因此大学生职业生涯规划越来越受到人们的重视。在国家政策的引导下，许多高校开展了形式多样的职业生涯规划教育课，但由于我国职业生涯规划教育起步较晚，高校就业指导观念落后，因此在实际工作开展中暴露了许多问题。如何更好地开展大学生职业生涯规划教育，帮助大学生科学地规划职业生涯、实现职业理想，是当今高校迫切需要解决的问题。

第一节　从当前严峻的就业形势看大学生职业规划的意义和重要性

一、当前大学毕业生面临日趋严峻的就业形势

自 1999 年以来，为了给我国经济发展提供智力支持和人才保障，我国高等教育招生规模迅速扩大，高校毕业生与就业市场的供需矛盾也日显突出。自大学扩招以来，我国大学毕业生的数量持续增长。据有关资料统计，我国高校大学毕业生数量 2020 年为 874 万人，到 2022 年为 1076 万人，2024 年达到了 1179 万人，毕业人数达到历史高峰。然而受全球金融危机影响，社会就业岗位和就业机会相对减少，再加上国家对大学毕业生的相关帮扶政策措施和服务体

系还亟待完善，以及大学教育和市场需求部分脱节等问题，当前的就业形势可以说非常严峻。如何应对日益沉重的就业压力，如何顺利就业无疑成了当前大学生最为关注的问题之一。

二、大学生职业生涯规划的意义和重要性

面对严峻的就业形势和用人单位越来越高的聘用条件，如何才能在千军万马的就业大军中脱颖而出？良好的就业观念和出色的综合素质无疑成了大学生提高就业竞争力的基础，而这些素质和能力的养成很大一部分来源于大学生良好的职业生涯规划。凡事"预则立，不预则废"。大学生只有认清就业形势，准确定位自我，不断发掘自身潜力，方能做到心中有数、处惊不乱。

那么何谓职业生涯规划呢？职业生涯规划，就是指个人与组织相结合，在对一个人职业生涯的主客观条件进行测定、分析、总结的基础上，对自己的兴趣、爱好、能力、特点进行综合分析与权衡，结合时代特点，根据自己的职业倾向，确定其最佳的职业奋斗目标，并为实现这一目标做出行之有效的安排。职业生涯规划对大学生未来人生职业生涯的发展和社会人才供求齿轮的顺利衔接具有重要意义。

首先，职业生涯规划有利于大学生更早地接触社会和进入职业角色。职业生涯规划有助于大学生将学业与职业结合起来，激发学生学习的动力，使学生在学习期间主动探索自己未来的职业方向和要求，引导大学生在日常生活中有意识地与目标职业要求趋同，以职业的要求来规范自己，规划自己的学业与大学生活，从而在无形中适应了目标职业的要求。当大学生进入目标职业时，就会减少磨合和适应的时间，这种无形的财富又会为其职场成功起到巨大的加速作用。

其次，职业生涯规划有利于培养大学生的个性才能，增强大学生应对社会竞争的能力。目前，我们正处于知识时代，同时中国社会也正在社会转型期，这两个方面都对个性人才的培养提出了要求。大学生职业生涯规划教育能够帮助大学生在大学期间正确认识自身

的特点，确立符合自身爱好的职业目标，不断丰富该目标下的知识与本领，从而帮助大学生增长自身的优良个性。大学生在职业生涯规划中发展自我优良个性，能够满足社会对人才的多样化需求，从而提高大学生就业的竞争力。

最后，职业生涯规划有利于提高大学生就业质量。所谓就业质量是指大学生就业是否实现学生与用人单位的双赢。大学生进行职业生涯规划能够促使大学生为今后的就业早做准备。在校大学生通过职业生涯规划，能够了解自己的就业目标，努力完善自我，不断养成职业目标所要求的能力与素质。在毕业选择工作时，大学生能够根据自身的条件选择适合的工作和适合的单位。另外，用人单位也会倾向于选择那些进行了自我职业生涯规划的毕业生，从而实现合理的双向选择，提高大学生的就业质量。

三、部分大学生对职业生涯规划存在的认识误区

笔者在从事大学生思想政治教育工作实践过程中，通过日常的观察思考和与一些学生的交流，发现部分大学生对个人职业生涯规划的认识存在一些不解，比较普遍的有以下三点。

（一）认为职业生涯规划仅仅是为找工作而准备的

很多大学生在进入大学之前，都对大学怀有美好的设想，认为大学是一个完善自我、塑造自我的精神殿觉，而非只为了毕业后找到工作，因而对职业生涯规划不太重视。从一定角度上讲，这种看法是对的，大学的确是个追求自由、完善自我的地方，但也不是孤立地把职业生涯规划单纯地理解为找工作，有这种想法的学生本身就是对职业生涯规划不理解。众所周知，人的自我实现方式之一就是找到一个适合自己的位置，这个位置就是你适合的职业。而职业生涯规划是为了找到适合自己的职业，如果可以在大学阶段充分地为日后的职业发展做准备，那就可以相应地加快个人的职业发展历程，职业生涯的发展也会促进个人生涯的发展。职业生涯成功的过程也就是人不断完善自身的过程。从这个角度上讲，职业生涯规划是站在自我实现的高度上来探索职业、规划职业的，并不仅仅是为

找工作做准备，也不是功利地为了一时的成就而忽略了自身的发展。可以说，在大学阶段科学合理地规划职业生涯也是对人生负责的一种表现。

（二）认为职业生涯规划靠听讲座等能速成

目前，大学校园里经常举办各种形式的职业生涯规划教育讲座，一些大学生也认为职业生涯规划无非就是听听一些职场成功人士的报告和专家教授的讲座。诚然，在此类讲座的教育引导下，大学生对自己的职业前程会有一定程度的关心和对职业环境的初步认知，但职业生涯规划是一个必须经过实际验证的漫长历程，必须经过全面考虑才可以确定适合于自己的职业。而讲座、报告等更多的是大学生在没有实践或者实践不充分的条件下参与的，因为这里有几个重要的认知方面因素是在讲座和报告上无法体现的。诸如，个人在工作情境中的真实表现、个人对工作方式和企业文化的实际认同、个人在职业生涯中的实际修正等，况且就是在实际的职业探索中这些因素也是不断变化的。所以说，讲座和报告本身能达到的作用、能解决的问题是有限的，职业生涯规划是必须要以实际职业经历和职业能力来塑造的，职业生涯规划和职业潜力开发等过程是无法通过理论来速成的

（三）认为职业生涯规划是高年级才考虑的事

很多大学新生都认为，大一大二就进行职业生涯规划言之过早。的确，大学生的职业生涯一般都是在大四毕业后才开始的，那这是否就说明了大一大二和职业生涯规划没有关系呢？首先，我们都知道，职业选择与专业是紧密相连的。然而大学生在高考填报专业时，由于种种原因造成选择的专业与兴趣错位，而这个错位的弥补只能由上大学后的大一大二来纠正和确定。因此，大学生要在大一大二时通过实际的专业学习和探索来发现并选择自己喜欢和适合的专业，然后去深入学习这个专业（这里所选定的专业往往不一定是自己所学的专业），最大限度地精通自己所喜欢和选择专业的一个细分领域。其次，学生上大学很大一部分是为了选择一份好职业，而当意识到职业选择时就已经客观上产生了职业生涯规划的需要，这个时

间完全可以由升入大学的大一开始。所以说，如果你深谋远虑，未雨绸缪，那你就应该在大一时规划你的职业生涯，安排大学生活。

四、大学生如何做职业生涯规划

（一）准确地自我定位

任何一个具体的职业岗位，都要求从事这一职业的人具备特定的条件，并不是任何一个人都能适应任何一个职业的，这就产生了职业对人的选择，于是就要求大学生必须准确定位自我。一方面，大学生可以根据科学方法，如借助职业兴趣测验和性格测验以及周围人对你的评价来认识自我、了解自我，清楚自己的职业兴趣、能力、特征，清楚自己的优势与特长、劣势与不足。另一方面，大学生可以多参加实践活动，如参加暑期"三下乡"社会实践活动、志愿服务活动、校园创业活动等，这些实践活动不仅能够锻炼大学生的能力，还能使大学生在活动中发掘自身潜在的优势资源，进一步认识自身的个性特质。总之，自我定位时要客观、冷静，不能以点带面，既要看到自己的优点，又要面对自己的缺点。只有这样，才能避免职业生涯规划中的盲目性，做到规划设计高度适宜。

（二）清晰的职业定位

职业生涯规划时除了要准确定位自我，职业定位也十分重要，它就是职业生涯的"镜子和尺子"。大学生可以通过社会兼职、实习，或者参加校园招聘会等形式，了解某项职业所需要的职业素质要求和非职业素质要求，了解所需要的一般能力和特殊职业能力，以及该职业人才供给情况、平均工资状况、行业的非正式团体规范等。大学生也可以通过社会调查，听专业人士的讲座等了解目标职业的现状和发展前景，深入了解职业环境，了解各行业竞争发展机会，了解目标行业或机构的人才资本、服务等。这样才能够对最适合自己的行业和目标进行合理化分析，提炼出匠人这一行业或机构所需的特质。

（三）有效的行动措施

有了准确的定位和良好的目标，如果没有切实的行动计划做保障，那一切都是空谈。在实践中，不仅要制订详尽可行的计划，而且要落实目标的具体行动措施。这个行动措施主要包括教育、培训、实践等方面的措施。它有两个方面的内容：一方面是直接的措施，也就是为实现职业生涯规划目标需要具备哪些知识、掌握哪些技能、开发哪些潜能等；另一方面是间接的措施，也就是为了保障职业生涯规划目标的实现而需要去做的事情。这些行动措施是职业生涯自我规划能否顺利实施并实现目标的关键。这些具体且可行性较强的行动方案会帮助你一步一步走向成功，实现目标。

总之，面对越来越严峻的就业形势，大学生要想在就业时脱颖而出，必须做好自己的职业生涯规划。然而，职业生涯规划是一项长期而复杂的工程，大学生要想建立科学、清晰的职业生涯规划，一定要有韧性、有耐心，并为之付出辛勤的汗水，这样才能在未来职场这个大舞台上演奏出自己美妙的乐章。

第二节　大学生的个性对大学生职业生涯发展的影响

由于高校教育与劳动力市场相互脱节，劳动力市场供需矛盾比较突出，社会经济改革转型，大学生就业观念不合理，而且每年大学毕业生人数始终处于高位，因此高校毕业生的就业问题持续陷入困境。为了解决大学生就业难的问题，党和政府制定了一系列方针，出台了一揽子政策。在这些方针政策的推动和督促下，高校成立了就业指导中心，开设了以"大学生就业指导课"为主干的指导协助大学生顺利就业的课程。高校的就业指导工作，毫无例外地都涉及大学生职业生涯发展的问题。职业生涯发展是大学生人生发展的重要组成部分，是一个具有阶段性的连续过程，每个阶段都有特定的规律，并会表现出一定的特点和趋势。职业生涯发展与大学生的个性发展有着紧密的联系，个性影响职业生涯的发展，在职业生涯的发展中体现出个性的特点。

个性是指具有一定倾向性的稳定的心理品质和心理特征的总和，心理品质包括个人的需要、动机、兴趣、理想、信念、世界观、人生观和价值观等，心理特征包括能力、气质和性格。职业生涯发展一般分为四个阶段，即职业探索阶段、职业发展阶段、职业中期阶段和职业后期阶段。其中，职业探索阶段是指根据个人知识储备、学历、个性等探索适合自己、自己喜欢并将长期从事的职业的过程。大学生正处于职业探索阶段，探索阶段又可以分为三个时期，即尝试期（15～17岁）、过渡期（18～21岁）、初步试验承诺期（22～24岁），大学生正处在过渡期和初步试验承诺期这两个阶段。

一、心理品质对大学生职业生涯发展的影响

（一）需要、动机与大学生职业发展

需要是有机体感到某种缺乏而力求获得满足的心理倾向，当机体缺乏某种东西时，需要就产生了。心理学家马斯洛将需要分为五个层次，即生理需要、安全需要、归属和爱的需要、尊重的需要和自我实现的需要。动机是在人类需要的基础上产生的，是在自我调节机制的作用下，个体使自身的内在需要与外在的行为诱因相互协调，从而形成激发、维持行为的动力因素。动机具有三项功能，即激活功能、指向功能、维持和调整功能。动机按照人类的需求分为生理性动机和社会性动机两种。生理性动机又称原发性动机，它以生理需要为基础。社会性动机又称继发性动机，它以社会性需要为基础。根据耶基斯－多德森定律，动机强度与工作效率之间是一种倒U形曲线关系，中等强度的动机最有利于任务的完成。因此，大学生在进行职业生涯规划的时候，应充分思考自己的职业动机，在满足生理需要的基础上，应该更加重视社会需要的满足，例如充分考虑成就目标、兴趣等。

（二）职业兴趣与大学生职业生涯发展

兴趣是人对客观事物的选择性态度，是人对需要的情绪性表现，是一个人认识把握某种事物，并经常参与该种活动的心理倾向。职业兴趣是指在职业选择的过程中对某种职业需要的情绪表现。在选

择职业的过程中，兴趣是占主导地位的，对于大学生来说，在选择职业的过程中它有时比能力更为重要。职业兴趣是大学生选择职业强有力的动力。研究表明，基于兴趣选择职业，一个人的能力在工作过程中能发挥 80％以上，而选择一个自己不感兴趣的职业领域，只能发挥 20％～30％的能力，具体表现为工作被动、态度消极、容易疲劳等，即表现出职业倦怠。调查研究发现，由于没有清晰的职业生涯规划，大学生在进行初期职业生涯选择中，往往会违背自己的兴趣，导致大学毕业生对自己的第一份工作不满意，一年内的跳槽率达到 50％以上。由此可见，职业兴趣与大学生的职业价值感、职业满意度等有着紧密的联系。大学生在进行职业生涯规划的过程中应事先清楚自身的兴趣，然后选择职业。例如，如果喜欢与事物打交道，那么可以选择图书管理员、会计、机械工程等方面的工作；如果喜欢与人打交道，那么可以选择教师、销售员、服务员等工作。如果对自己喜欢的职业不明晰，那么可以参照《霍兰德职业倾向能力测试》，了解自己在研究型、艺术型、社会型、企业型、传统型、现实型这六个方面中的倾向性，以达到基于职业兴趣进行职业生涯规划的目的。

（三）信念与大学生职业生涯发展

信念是人们认知、情感和意志的有机统一，指导人们的行为，是人们坚定某一行为的心理、思想基础，是人们在一定的认识基础上确立的对某种思想或事物坚信不疑并身体力行的心理状态和精神状态。信念有不同的含义，也有不同的层次，同时信念又具有稳定性。但是这种稳定性不是绝对的，科学的信念必然会随着客观实际情况的改变而作出相应的调整和完善。脱离实际的信念是脆弱的，经不起现实变化的冲击。因此，大学生应该根据自身和外部环境的实际情况确立正确合理的职业信念。另外，信念的变化会对一个人的思想和行为产生深远的影响。因此，对于大学生来说，当合理的职业发展信念形成后就不要轻易改变，应该始终相信一点，只要坚持信念，结合外部有利环境，职业发展的理想和目标就一定能够实现。

（四）世界观、人生观、价值观和职业生涯发展

世界观是指人们对世界的总的根本的看法。人生观是指一个人对人生的看法，也就是对于人类生存的目的、价值和意义的看法。价值观是指一个人对周围的客观事物的意义、重要性的总体评价和看法。世界观、人生观和价值观（以下简称"三观"）对职业发展有着根本影响，职业选择是以"三观"为基础的。在择业和就业过程中，大学生存在功利浮躁心理，为了获得工作经验，草率就业，接着就频繁违约、跳槽，导致一些用人单位对应届毕业生不信任，因而对就业者的要求更加苛刻，由此造成大学生就业更加困难。因此，大学生在职业生涯规划前要有正确的"三观"，在正确"三观"的基础上制订切实可行的职业生涯发展目标和规划。

二、心理特征与大学生职业生涯发展

（一）气质与大学生职业生涯发展

按照气质的体液理论说，气质分为多血质、黏液质、胆汁质和抑郁质四种类型。多血质的人活泼、好动、反应迅速、感受性强而耐受性高，动作敏捷、善于交际，可能成为活动家、领导者，倾向于从事多样化的工作。黏液质的人安静、稳重、反应缓慢、善于克制和忍耐、沉默、注意力不易转移，一般倾向于选择有条不紊、勤勤恳恳的工作。胆汁质的人热情、精力旺盛、思维敏捷但稳定性差、容易冲动，倾向于选择有挑战性的工作。抑郁质的人多愁善感、情绪体验深刻、行动迟缓但准确性高，选择职业为消极、依赖性强，多喜欢选择稳定、变动少的工作。由此可见，气质与大学生的职业选择有着紧密联系，对于大学生的职业生涯发展有着深远的意义。因此，大学生在职业生涯发展过程中要充分认识和考虑自己的气质，达到气质和职业的完美结合。

（二）性格与大学生职业生涯发展

性格是指人对现实的稳定态度和习惯化行为方式的总和，性格类型说认为人有三种性格，即内倾型性格、外倾型性格和中间型（内—外形）性格。美国心理学家卡特尔按照不同维度将人的性格划

分为 16 种，这 16 种性格按照两个维度，即直觉型和感觉型，并将其分为四种类型的性格。研究发现，当性格类型与从业者所从事的职业相匹配时，就会成为一个有效的工作者。因此，大学生在进行职业生涯规划的过程中要先清楚自己的性格，具体可以进行 16PF（卡特尔 16 种人格）测试，然后根据自己的性格规划职业、选择职业、从事职业。

（三）能力与大学生职业生涯发展

人的能力不是先天就有的，而是后天获得的，由于个人早期生活经历各不相同，所以能力有差异。能力的个别差异表现在质和量两个方面。质的差异表现为个人具备不同的特殊能力及能力类型；量的差异表现在能力发展的水平和年龄差异。具备较强能力的学生，表现出自信、积极、敢于竞争的心理状态，可以对职业目标及实现手段做出最佳选择，而能力弱的学生则常常表现为消极、退缩或者等待。

总之，大学生职业生涯规划过程中应注重将自身个性的特点与职业发展相结合，拥有合理的需要和正确的动机，培养职业兴趣，坚定良好的职业信念，树立正确的世界观，不断修炼气质，不断完善性格，始终坚持提升就业能力。大量研究证明，个性对职业选择起着重要的作用。因此，大学在进行职业生涯规划时必须注意他们的个性特征。

第三节　我国大学生职业生涯规划存在的问题

目前，我国不少高等院校都设立了大学生就业指导中心，并开设了相关的职业指导课程，不仅为大学生提供了丰富的就业信息，而且还帮助大学生进行职业生涯规划，这对于促进大学生顺利就业和提升大学生的综合素质起到了重要的促进作用。但是，作为新生事物，大学生职业生涯规划还存在着各种各样的问题。

一、规划意识淡薄

当前，我国大学生普遍缺乏职业生涯规划意识，没有针对个人的具体情况制定科学合理的职业规划，在就业过程中也缺乏对个人职业生涯的设计。2005 年《职业》杂志与搜狐教育频道进行的《大学生就业职业指导现状》调查中，在"你了解想要进入的行业发展前景吗"一题中，有 27.4％的人曾经向业内人士咨询过该行业的情况；有 19％的人认为自己进入的行业是个热门行业、前景乐观；还有 52％的人"没有研究过"。与此相对应的是，大部分的大学生并没有自己的职业目标和规划，在"你清楚考虑过自己以后的职业发展吗"一题中，51.4％的人对此只有模糊的想法和愿望；17.6％的人感到茫然，不知道自己能做什么；只有 27.6％的人"有 3—5 年的职业规划"。其中，接受过专业的职业指导的大学生中，51.2％的人大四毕业前才开始接触职业指导服务，16.4％的人从大二、大三开始对职业指导有所了解，更有 32.4％的人选择了"其他"。有 38.9％的人职业指导知识来自报纸、杂志和书籍的阅读；24.2％的人来自"父母平时经常与自己谈论以后的工作问题"，只有 30.4％的人来自"学校开设的专门的职业指导中心"。中国青年政治学院副院长陆士桢教授的一项调查研究表明，有近一半的大学生没有进行过职业生涯规划。调查发现，学生们不重视职业生涯规划，他们普遍认为在大学阶段就进行职业生涯规划还为时过早，误以为职业生涯规划是走进社会后自然而然就会做的一件事。

而现今大学毕业生找工作实行的是双向选择政策，由于人才市场供过于求，加之专业限制、兴趣爱好、工作地点选择等因素的影响，有时毕业生不得不面临"毕业即失业"的尴尬局面。同时，大学生由于实践经验不足，对社会对职业了解甚少，对职业信息的获取一般也是间接的，如来自就业指导课、互联网以及媒体的相关资讯等，大学生缺乏职业实践、择业观尚未定型、缺乏职业感觉、对职业没有深刻理解，导致职业意识淡薄。另外，绝大多数学生没有求职经历，只是参与学校组织的一些勤工俭学活动、短期社会实践活动或校外的一些兼职活动等，对就业形势的严峻性估计不够，盲目认为毕业后总会找到工作，缺乏竞争意识和紧迫感。这样，由于认识不够、加上动力不足，自然就缺乏进行职业生涯规划的主动性，或者制定的生涯规划缺乏竞争性、科学性和针对性，制定的职业生涯规划起不到应有的作用。

二、职业目标模糊

大学生正处在职业生涯规划的探索阶段，这一阶段的职业规划既要有较高的奋斗计划，又要对自身体力、能力、智力有充分的考虑。在这一阶段，个人将认真地探索各种可能的职业选择，对自己的天资和能力进行现实的评价，并根据未来的职业选择做出相应的教育决策，最终完成自己的初次就业。但大学生由于知识储备、社会阅历以及对自身的了解等方面都存在不足，所以在职业生涯规划过程中往往会暴露出种种问题，走入误区。

《大学生就业职业指导现状》调查显示，57％的毕业生对于想要进入的行业发展前景没有研究过，他们并不了解自己想要进入的公司的发展前景、用人制度、企业文化、人际关系等，对自己将要从事的职业只有一个模糊的概念。他们往往忽视了对个体年龄和发展的考虑，有的大学生就业目标定位过高，过于理想化。近几年，不少毕业生在职业选择中一味强调大单位、大城市和高收入，甚至为了这些不惜放弃个人的专业特长，不顾个人的性格和职业兴趣；有的大学生缺乏自信，对自己的优点认识不够，制定的目标偏低，难以起到激励作用，也不利于自己的发展；而那些存有"这山望着那山高"心理的学生，盲目地攀高追求与选择不仅影响个人目前的就业，同样会对以后的职业发展产生不利影响。当然，最严重的是许多同学目标缺失，没有发展方向，没有明确的目标追求，学习、工作缺乏动力。目标缺失导致社会实践的方向不够明确。虽然不少大学生选择了兼职、参加各种职业证书资格考试，但其目的只是向用人单位证明自己有过实习经历，没有把这些实践和学习与自己的职业目标、人生目标结合起来。

三、自我认知不足

大学生随着年龄的增长、知识的增加，自我意识和自我认知能力不断增强。然而，大学生自我认识往往还不全面，对事物的观察和思考容易理想化，心理并不完全成熟。新浪网、北森测评网与《中国大学生就业》杂志共同实施的"大学生职业生涯规划"问卷调查显示，仅有12％的人了解自己的个性、兴趣和能力；18％的人清楚自己职业发展面临的优势和劣势。在就业制度与就业市场不完善的条件下，有的大学生只看到自身的长处，自以为是、趾高气扬；有的大学生只看到自身的不足，心灰意冷、信心不足。在择业过程中，有的期望值过高，不切实际地追求超出本身能力的就职单位；有的对自己缺乏信心，在双向选择中，不是以积极态度努力去争取，而是以随便态度待之。有的学生由于所定的目标与理想不切实际，主观与客观的差距相差太远就会产生自责、自怨、自卑的心理，就不能正视择业过程中的不合理现象，不能正确地评价自己的优势和不足，承受不起挫折和失败的磨炼和培养，从而形成心理障碍。世纪人才资深咨询师白玲女士指出：在分析"自我"的问题上，当今的职业人是需要补课的，我们可能会认真地分析工作、分析老板、分析家庭，但是不会分析自我。职业人尚且如此，更何况"象牙塔"里的学子们。

四、职业准备不够

机遇总是垂青有准备的人，只有做好了职业准备，才有可能抓住机遇。职业准备包括建构合理的知识结构、锻炼职业技能、培养职业素质等，是职业生涯规划的重要组成部分。大学生就业出现的问题有许多是由于职业准备不够造成的。准备不够造成信心不足，当就业机会来临时不能及时把握或把握不住，一旦失去机会又垂头丧气。最明显的一点体现就是缺乏求职方法和技巧。调查表明，大学生就业时有60％的人存在沟通障碍，而且求职简历写得千人一面，没有特色，许多简历连词句都差不多。同一个专业的学生，挑谁来面试好像都可以，面试时不知道怎么推销自己的问题也很突出。许多学生从来没有想过自己的优势和特点，介绍自己时只会强调是哪个学校哪个专业毕业的，而不是强调自己的优势和为什么适合这份工作。

五、价值取向失之偏颇

当代大学生的职业价值判断标准，正在由以往的理想主义变为明显的务实主义。沈阳农业大学进行的"大学生职业设计和职业选择"的问卷调查中，在"你理想中的职业的相关因素"选项中，职务占41％，收入占41％，权利占7.7％，声望占13.3％，就业地区占37％，发展阶段占40％，其他占4％。可见，大学生理想中的职业，收入因素占首位。计划经济条件下的大学生往往更看重社会地位和职业声望，在市场经济建立的过程中，职业价值观逐渐转向"经济价值型"，把对前途和成才的长远期盼转化为对工资收入、住房、职称、发展机会等具体条件的要求。择业时，不同程度地存在着追求实惠和功利化倾向。在就业的选择上，一些学生更注重职业的经济价值，而忽视了职业的理想价值；在职业的取向上，把择业范围定在都市或大机关、大单位；在职业的去向上，不仅要选城市、选职业、选单位，而且要讲条件、讲福利、讲待遇。

六、实践能力缺乏

虽然大学生对职业生涯规划有所了解，也有了初步制定职业生涯规划的意识，许多人也制定了自己的职业生涯规划，但没有把自己的行动与规划统一起来，认真按规划执行，进行自我激励和自觉行动，并为实现这些目标而努力，而是规划完就了事，把制定的职业生涯规划束之高阁。有的学生虽然也参加实践实习，但只是将这作为一种经历，而没有与自己未来的职业联系起来，缺乏对理想职业的全面认识，从而无法制定适合自己发展的职业生涯规划。正确的做法应当是在日常的工作和学习中养成良好的职业道德，提高职业素养，构建合理的知识结构和素质结构，规划好自己的时间，严格要求自己，让职业生涯规划为自己的人生目标服务。

第四节　我国大学生职业生涯规划问题的成因分析

我国大学生职业生涯规划问题产生的原因是多方面的，既有传统体制和社会观念的原因，也有高校和学生自身的原因。

一、传统体制的束缚

我国的职业指导始于 1916 年。新中国成立后，受高度集中的计划经济体制影响，职业指导一度停滞，传统的应试教育培养模式束缚了学生的自主性和创造性，以服从分配为核心的思想教育模式大行其道。直到 20 世纪 80 年代中后期，随着经济体制改革的深入，社会劳动用工制度发生了很大转变，大学毕业生统包统分的就业体制才被打破，开始试行"双向选择"的就业制度。尽管如此，大学生就业仍然受到思想惯性的影响，遵循传统的就业方式，而不能灵活变通，转变就业观念，缺乏自主创业意识。同时，思想教育仍然充当着学生职业指导的重要内容和主要方法，特别是职业价值观教育，由于过多地强调国家利益、社会需要而忽视了个体的差异性和发展需要，导致大学生职业生涯规划效果欠佳。

二、社会观念的误导

我国实行改革开放以来，随着市场经济的建立，社会对价值的认识发生了很大变化，由过去一味强调个人绝对服从社会，变为更加关注个人价值的实现，更加尊重个人的选择，到现在提出的"以人为本"，这无疑是一大进步。但由于我国正处在体制改革、机制转换、观念更换的变革时期，社会价值观出现了多元化的倾向。受其影响，一些毕业生在就业选择上，过分看重薪酬待遇、工作条件，片面追求舒适安逸，不愿吃苦，而没有考虑到自己的性格爱好与职业的匹配性，这不仅直接影响了他们的顺利就业，而且不利于个人的职业发展。

同时，由于社会上存在凭关系、"走后门"找工作的不正之风，部分学生的职业价值观发生扭曲，认为个人能否找到一个好的工作，是由家庭背景和社会关系决定的，单凭个人的主观努力是无法达到的，因此忽视个人素质的提高与职业生涯的设计。

另外，长期以来学生职业指导被看成学生工作的一部分，是学校的一项行政职能，思想教育模式的泛化使其专业性问题得不到应有的重视，从而使大学生职业生涯规划工作不能有效开展。

三、高校指导的不足

（一）教材内容陈旧，指导性不强

目前，高校就业指导课所用教材大多内容陈旧、雷同，存在互相转抄的嫌疑，很多书都用大量篇幅去介绍"我国毕业生就业制度改革历程"等，从而缺乏具有现实指导意义的内容。一项名为《高校与大学生对就业指导实践的双向反馈》的调查表明，学生对就业咨询的需要率达 24.1%，就业信息指导的需求率达 23.0%，同时对就业求职技巧的需求率达 18.6%，这说明学校就业指导的内容有待进一步提高。

（二）就业指导专业化不足

首先，职业指导者专业化不足。目前，我国还没有设立职业指导专业，该行业的从业者以行政人员和政工干部居多，专业人士较少，而且学历水平参差不齐，在高校里从业者高学历的不多。据统计，在高校心理咨询开展得较好的北京市，心理教育师资与学生的比例为万分之六，其中包括大部分兼职人员，实际比例为万分之二，而在我国香港地区和一些发达国家，心理健康教育师资与学生的比例为 1：1500。目前，全国已经取得职业指导师职业资格的只有 1 万人，高级职业指导师不足 500 人。很多高校也只在近几年才开始重视和设立职业指导中心，天津市高校首批职业指导师于 2004 年 8 月才取得资格证书。

其次，职业指导专业化不足。在就业指导时只能停留在泛泛而谈的层面，对学生的职业生涯规划、职业辅导和咨询等更全方位的服务还没有全面展开，许多大学生接受不到专业的个别咨询和指导，不能从客观现实出发设计自己的职业定位，影响日后在社会中的发展。

最后，缺乏专业化的职业测评工具。大学毕业生在制定职业生涯规划前应做好自身条件的分析，明确自己的优势和劣势，其中进行一些标准化职业测评是自我认识的重要手段。但是许多学校选择了某些价值不菲的测评工具，花费了大量的人力物力进行测评，却达不到预期的效果，问题的出现主要是由于测评工具的选取不科学。由于测评工具很多是从西方引进来的，而中西文化背景差异较大，因此很多测评脱离我国的实际，测评结果不科学，导致测评者怀疑测评的准确性和必要性。

（三）学校缺乏对学生的全程指导

职业生涯规划是一个系统而连续的过程，从大学生入校时起就应对其进行有针对性的系统的职业生涯规划指导。但实际上大部分的高校仅仅在学生快要毕业时对三、四年级的学生开设职业指导课以及开展就业指导的讲座，但都是进行一些就业政策方面的指导，没有真正对职业生涯规划进行指导。一项针对北京16所高校的调查证明，有40.7%的学生认为自己没有能力完成职业生涯规划。值得注意的是，尽管56.3%的学生认为学校将就业指导作为"一项日常工作"，仍有56.9%的学生认为学校只是在"毕业前进行就业指导"，更有7.9%的学生认为学校"不提供任何指导"可见高校并没有开展系统的职业生涯规划指导。

（四）职业指导投入不足

当前虽然高校已经普遍设置了就业指导机构，但在就业指导的人员配备、设施建设等方面资金投入较少，缺乏必要的物质保障，不能保证职业指导的有效开展。同时，在对外职业实践基地的建设以及学生实习活动的开展方面资金投入不足，制约了大学生职业生涯规划活动的顺利开展。

四、学生素质的欠缺

（一）心理素质不佳

部分大学生在进行职业生涯规划时，心理素质不高，过于自负或自卑，没有进行正确客观的自我认知和评价，对自身的学识、能力、品德等没有一个综合性的客观评价，从而无法确定合理的期望值，导致职业理想与自己的实际情况相脱节；在实施规划过程中，心理承受能力较差，缺乏竞争意识，遇到困难和逆境容易消沉、退缩，从而产生畏难情绪，不利于个人的成长与发展。

（二）个人能力欠缺

能力是大学生综合素质在处理事情时的一种表现，它包括专业知识能力和实践操作能力。由于每个学生在学习过程中对于专业知识的积累和参加实践的情况不同，因而形成了不同的知识结构和实践操作能力。一些学生忽视了知识的学习，专业知识薄弱，较少参加社会实践，动手能力较差。在职业规划的过程中，面对社会、面对竞争、面对市场具备不同能力的大学生就表现出不同的心理素质和心理活动。具有较强能力素质的学生，在择业中容易表现出自信、积极、勇于竞争的状态，可以把外在的压力转化为内在的动力，对职业目标以及实现的手段做出最佳的选择；反之，一些能力较弱的学生则表现为消极、等待、退缩的就业心态，不能做出正确的职业选择。

第五节　我国大学生职业生涯规划的改进措施

当前我国大学生职业生涯规划存在着各种各样的问题，形势不容乐观，这些问题的形成是多种因素共同作用的结果。我们必须积极采取措施改进我国大学生职业生涯规划，这对提高我国职业指导水平和改善大学生就业状况有着非常重要的意义。而大学生职业生涯规划是一个系统工程，需要各方面的共同努力。本节从两个方面探讨了我国大学生职业生涯规划的改进措施。

一、社会和高校的改进措施

针对当前大学生在进行职业生涯规划中普遍存在的问题，必须及时地、有效地从各个方面入手解决。大学阶段是大学生由一个"学校人"变为"社会人"的关键时期，生理和心理的发展已经基本成熟，引导大学生进行职业生涯规划，学校和社会有义不容辞的责任，应采取如下改进措施。

（一）树立正确的职业规划理念，加强职业生涯指导

近年来，由于就业压力越来越大，人们对大学生的就业指导教育的关注程度也越来越高。随着我国经济的快速发展，就业形势发生了很大变化，以前那种认为"考上大学就有了铁饭碗、进入大学将来职业就有了保证"的想法已经不复存在。帮助大学生进行职业生涯规划已显得尤为重要，学校与全社会必须帮助大学生树立正确的职业规划观念和职业理想。

政府部门应给予大学生职业生涯规划足够的重视和支持，出台相应的政策、法令及规章制度等，成立专人专班负责规划工作的管理和实施，增加对大学生职业指导的资金投入；社会应通过网络、电视、报纸等途径加强大学生职业生涯规划的舆论宣传，提高社会公众对大学生职业生涯规划的认识，成立专业的职业指导机构，并对现有的指导机构进行整顿提高，加强机构的专业化建设，提高机构的服务水平，建立相应的制度规范，保障职业规划工作的科学化和规范化；学校也不再仅承担教学与科研两大任务，更要做好引导学生职业生涯规划和开发的工作，提升大学毕业生在人才市场上的竞争力。

（二）加强生涯指导课程建设，改进指导教育体系

课程建设是大学生职业生涯规划的基础，就业指导课是实施全程就业指导的一个重要载体。只有加强职业生涯规划理论方面的课程建设才能做好其他的相关工作，它是普及职业生涯规划知识和理论的必由之路。

高校要将大学生就业指导课纳入学校正常的教学计划,确定必要的学分,建立起一个目标明确的、逐步提升的、针对性较强而又完整的就业指导课程体系。同时,要对大学生进行有效的就业指导与训练,必须有系统的、高水平的就业指导教材做保证。高校要重视和加强大学生就业指导教材建设,根据不同年级就业指导内容和高校的具体情况,编写出高质量的、与时俱进的大学生就业指导教材。

(三)加强职业指导专业建设,提高职业指导质量

职业指导的专业化包括三个方面:一是指导机构的专业化。高校应成立专门的职业规划指导服务机构,认真落实教育部文件精神,充分认识就业工作的重要性,把职业规划作为就业工作的基础和重要组成部分,成立集教育、管理、服务于一体的就业指导服务机构,鼓励、倡导大学生进行职业规划,创新服务手段,提升服务质量,形成学校重视支持、就业主管部门协调指导、广大同学积极参与的工作局面,促进大学生充分就业,大幅度提高就业率。二是指导队伍的专业化。要开展科学有效的职业指导工作,高校必须建立一支具有较高水平的既要专业化又要专家化的职业规划队伍。从事这项工作的队伍在结构上应体现出跨专业、跨部门、专兼结合的特色。就指导者个体而言,首先必须具备高度的责任心和使命感,要关心、爱护学生,甘做人梯、乐于奉献。其次要具备过硬的业务素质,熟练掌握有关政策法规,具备合理的知识结构,特别是要具有与职业规划设计相关的心理学、教育学、社会学等方面的知识。同时,还必须具备善于审时度势、做出科学判断的能力,培养出一支精通业务,熟悉市场,善于管理,有着强烈政治责任感、事业心和良好职业道德的工作队伍是高校做好职业规划工作的重要环节。三是职业测评的专业化。专业化的职业测评可以帮助大学生更加科学客观地认识自我的能力、兴趣和个性。职业测评的专业化建设主要是人员建设和测评手段建设:一是需要有专业的人员做测评,给予测评对象科学、客观、公正的测评和解释,这就要求我们配备专业的人员和队伍对大学生进行职业心理测评;二是需要有科学的、完善的测

评手段，给予测评对象完整、科学的自我认知。因此，我们要积极开发适合我国国情的测评产品，增加测评的信度和效度，挑选和引进合适的测评工具，同时要建立一支专家型的测评队伍。

（四）完善学生职业指导体系，提高就业服务水平

要将职业生涯规划真正落实到大学生学习过程当中，高校应当为大学生提供全方位的服务，具体有以下几方面。

1. 加强大学生职业实践建设

针对大学生缺乏职业感觉和职业经历的现状，引导大学生积极投入职业实践，同时在引导大学生参加社会实践时要增强职业针对性和目的性，使大学生在实践过程中有目的地构建与职业目标相一致的能力结构、知识结构和素质结构，在实践的过程中了解职业岗位需求变化对职业生涯规划的影响，根据社会需求的变化调整职业生涯规划。在实践的过程中，大学生也能了解到用人单位的用人标准，能明确自己今后的努力方向，增强行业敏感度。因此，学校要加强实训基地的建设工作，使校企联合培养和订单式培养为学生的职业生涯规划服务。大学生要勇于走出校门，主动参加用人单位的兼职和勤工俭学活动，让自己在实践中变得成熟。政府和有关部门也要在政策上给予引导，为大学生步入职场提供有利的政策环境支持。

2. 加强大学生职业生涯规划咨询建设

职业生涯规划具有个性化的特点，它会因为每一个个体的具体情况和所能依赖的条件不同而有所不同。课程建设只能起到普及知识理论的作用，具体到个人的人生定位和职业道路选择的时候需要有个性化的咨询指导。因此，加强职业生涯规划咨询建设成为必然。由于大学生缺乏社会经验，对未来职业世界只有笼统的、模糊的感性认识，对职业生涯规划的理解难免有不足之处，只有加强面向个体、个性化的咨询辅导才能满足学生的需要。职业辅导咨询可以视学校的具体情况，设置在就业指导中心或者心理健康教育中心，由经验丰富的专业咨询人员从事这项工作。除了个别咨询外，也可以针对一些普遍的、共性的话题进行团体咨询。

3. 加强大学生职业生涯规划全程建设

就业指导工作应贯穿学生教育的全过程，而不是学生临近毕业或择业时才开展的临时性工作。就业指导的全程性中有阶段性，是阶段性的延续。树立就业指导的全程观，就是要构建一个完善的就业指导工作体系，使就业指导工作与学生的职业发展愿望相结合、与学校的培养目标相结合、与市场的需求相结合，根据各年级学生的不同特点，开展从一年级到四年级的全程指导。

一般来讲，一年级为试探期。经过紧张的高考，跨进大学的校门，面对新的环境、新的生活方式和学习方式，大一新生往往会感到迷茫，找不到正确的方向和目标。就业指导就应该从这一阶段开始，帮助学生快速从高中的学习模式向大学学习模式转变，在现实可能的基础之上，根据自身的实际和特点，对自己的未来职业生涯进行规划和构想，帮助他们走出迷茫的误区，尽快找到正确的人生定位和奋斗方向。"授人以鱼，不如授人以渔"，就业指导应摆脱原来纯技术指导的狭隘，从职业生涯、人生规划这一更高层面上去认识和把握就业行为，使就业指导工作体现出更多的人文关怀。首先，应从大一起开设职业规划教学课程，帮助他们正确地认识自我，确立自己的职业理想，作为个人的精神支柱和力量源泉，并教育、引导、督促他们为实现这个目标而努力。其次，应让他们清楚地认识当今的就业形势，放弃以"天之骄子"自居的心理，主动了解自己的专业性质和特点，以及将来就业的优劣势，试探性地进行职业生涯设计，合理规划大学四年的学习生活以及将来的出路。最后，还应使他们认识到当今人才所要具备的能力，如实际操作能力、发展创新能力、人际交往和合作能力等，以做好思想上的准备。

二年级为定向期。这一阶段主要是教育学生既要正确认识自己，又要努力提高自己各方面的综合素质，建立合理的知识结构。在当今就业竞争异常激烈的"买方市场"条件下，用人单位对毕业生的要求越来越高了，英语等级证书、计算机等级证书、优异的专业成绩、党员、学生干部、实践经历等都成为毕业生参与竞争的砝码。因此，在学生明确思想认识和找准奋斗目标的基础上，这一阶段的就业指导应引导他们努力提高自己的"硬件"和"软件"水平，为将来的就业储备知识和能量。既要引导他们认真学习，掌握过硬的专业技能，重点培养各种能力，积极发展个人志趣，并围绕特长和爱好拓展自己的知识面，又要为他们提供实习和培训的机会，通过实践来弥补专业教育的不足，锻炼较强的实践能力。此外，还应通过丰富多彩、适合青年特点的课外活动来培养大学生的独立意识、竞争意识、团结协作等良好的心理素质。

三年级为冲刺期。三年级时高校在专业课中渗透职业指导的内容。从历史和现实的角度，使学生在掌握专业知识与技能的同时，了解实际应用这些知识与技能的规则和应避免的失误，更好地了解真实的职业世界，挖掘职业潜能。适时开展"大学生求职技巧"指导，通过就业过程各个环节的技巧指导与训练，让大学生掌握正确求职的技巧与方法，开展"大学生就业法律知识"指导，让他们了解和掌握国家有关劳动与就业方面的法律知识，学会利用法律武器保护自己的合法利益。强化大学生的诚信意识，在就业过程和今后的工作中遵纪守法、诚实守信。要给学生提供机会，帮他们了解市场需求和雇主资料，参加社会实践及观察招聘会，亲身感受竞争的残酷。

四年级为分化期。这个阶段高校要充分利用学生的毕业实习机会，协助学生发现并弥补知识和能力方面的弱点，同时加强"大学生就业信息"指导，通过各种形式为大学生提供丰富的就业信息、用人单位信息和其他相关资讯，包括求职要领和面试技巧，有条件的院系，还可以为毕业生提供个性化的信息咨询与指导服务。

（五）增加学生职业规划投入，提供物质条件保证

高校开展就业指导需要必要的硬件投入，包括必要的场地、相关的配套设备、引进专业的测评软件等，硬件投入是进行系统指导的物质保障，只有配备基本的硬件，才能保证就业指导的顺利开展。在专业指导人员的配备和培养上，也需要一定的资金保障，要保证大学生就业指导的顺利开展和切实落实，高校必须加大资金投入。要给学生提供良好的职业训练条件，为学生创造实践环境，同样需

要学校提供相应的资金支持。

二、大学生自身的改进措施

当前，我国大学生在择业过程中普遍存在自我认识不足、职业意识淡薄以及不能科学地制定个性化的职业生涯规划等问题，对其将来更进一步地实施职业生涯规划有很大影响。因此，对于大学生个人而言，应积极采取以下改进措施。

（一）有效提高自我认知水平，增强环境分析能力

要提高自我认知水平，就需要对自我进行全面客观的分析与定位，也就是对自己进行全面分析，从而认识自己、了解自己，以便更准确地为自己定位。自我剖析的内容包括自己的价值观、兴趣、爱好、特长、性格、学识、技能、智商、情商以及协调、组织管理、活动能力等，即弄清自己是谁，自己想要做什么，自己能做什么。自我剖析的过程，实际上是自我暴露和解剖的过程，其重点是分析自己的条件，特别是性格、兴趣、特长与需求。性格是职业选择的前提，职业心理学的研究表明：不同的职业有不同的性格要求。虽然每个人的性格都不能百分之百地适合某项职业，但却可以根据自己的职业倾向来培养、发展相应的职业性格。兴趣是工作的动力，如果一个人的工作与自己的兴趣相符，那么工作就是一种享受和乐趣；特长是分析自己的能力与潜力，每个人都有着巨大的发展潜力，关键是要相信自己；需求主要是分析自己的职业价值观、并知道自己究竟要从职业中获得什么。因此，自我剖析是职业生涯规划的基础，它直接关系到个人的职业成功与否。在进行自我剖析时，个人对自己的认识难免有片面之处，还应当听取他人的意见和建议，以便对自己有更准确的认识，也可以使用科学的心理测量量表以及职业测评工具等来帮助自己进行科学准确的分析与定位。同时，我们也要进行外部环境分析，外部环境分析比自我分析更重要。环境因素对个人职业生涯发展的影响是巨大的，它为每个人提供了活动空间、发展条件、成功的机遇。在制定职业生涯规划时，要分析环境的特点、环境的发展变化情况及趋势、个人与环境的关系、个人在

环境中的地位、环境对个人的要求以及环境中对自己有利与不利的因素等。外部环境分析主要是通过对组织环境特别是组织发展战略、人力资源需求、晋升机会分析，以及对社会政治环境、经济环境等有关问题的分析与探讨，弄清环境对职业发展的作用及影响，以便更好地进行职业目标的规划与职业路线的选择。大学生要充分利用多种形式广泛搜集相关信息，增加对职业环境的了解，同时也要积极参加职业实践，通过实地锻炼来加强自己对职业的认知。

因此，大学生要制定科学合理的职业生涯规划，首先必须对自己有一个客观全面的自我剖析与定位，其次要充分考虑到外界环境的影响，不断提高自我认知水平和环境分析能力，只有这样才能根据自己的实际情况选择自己的职业发展方向，制定适应社会发展的个性化的职业生涯规划。

（二）不断提高自身综合素质，增强职业竞争能力

大学生制定职业生涯规划既要考虑到社会的需要，又要兼顾个人的兴趣特长和爱好，因此要在激烈的社会竞争中实现自己的职业规划、体现自己的人生价值，当代大学生就必须努力提高自身素质，增强职业竞争能力。

首先，必须构建合理的知识结构。知识的积累是成才的基础和必要条件，人们常常把一个人掌握知识的多少作为衡量水平高低的标准，但它不是衡量人才的绝对标准。单纯的知识数量并不足以表明一个人真正的知识水平，大学生不仅要具有一定的知识储备量，还必须形成合理的知识结构，没有合理的知识结构，就不能发挥创造的功能。在制定职业生涯规划时，大学生要能够根据职业和社会不断发展的具体要求，将已有知识科学地重组，建构合理的知识结构，最大限度地发挥知识的整体效能（合理的知识结构一般指宝塔型和网络型两种）。新时代对人才的提出了更高的要求，要求大学生既能很好地适应社会需要，又能充分体现个人特色；既能满足专业要求，又有良好的人文修养；既能发挥群体优势，又能展现个人专长。构建合理的知识结构没有捷径可走，只能是学习和积累。

其次，要培养职业需要的实践能力。大学生的综合能力和知识

面是用人单位选择大学生的依据。用人单位不仅考核大学生的专业知识和技能，而且还考核其综合运用知识的能力、对环境的适应能力、对文化的整合能力和实际的操作能力等。大学生进行职业生涯设计，除了构建自己合理的知识结构外，还要具备行业岗位要求的基本能力和某些专业能力。从某种意义上说，能力比知识更重要。大学生只有将合理的知识结构和适应社会需要的各种能力统一起来，才能立于不败之地。一般来说，大学生应重点培养满足社会需要的决策能力、创造能力、社交能力、实际操作能力、组织管理能力和自我发展的终身学习能力、心理调适能力、随机应变能力等。

（三）自觉强化职业规划意识，提高职业技能水平

职业生涯规划是大学生就业的良好课堂。职业生涯规划的重要内容之一是对个人进行分析，通过分析认识自己、了解自己。估计自己的能力，评价自己的智慧；确认自己的性格，判断自己的情绪；找出自己的特点，发现自己的兴趣；明确自己的优势，衡量自己的差距。以此来开发自己、改变自己、塑造自己，跨越自己的障碍，成功地把握自己，真正地体现自己，使自己的才能得到充分发挥，使自己的个性得到发展。通过职业生涯规划，可选择适合自己发展的职业，确定符合自己兴趣与特长的生涯路线，正确设定自己的人生目标，运用科学的方法，采取有效的行动，化解人生发展中的危机，使人生事业发展获得成功，担当起一定的社会角色，实现自己的人生理想。理性分析职业生涯规划对大学生就业有重要影响，不仅可以帮助大学生正确客观地面对自我，实现自己的事业抱负，也为大学生就业提出了新的课题。因此，当代大学生必须充分认识到职业生涯规划的重要性，提高自己的规划意识，同时加强职业规划学习，积极参加职业生涯规划的课程学习，阅读职业生涯规划的相关书籍、报纸以及网络上的相关内容，增加自己的职业生涯规划知识，并多与老师、同学交流，提高自己对职业生涯规划的认识和职业规划能力，科学合理地制定自己的职业生涯规划。

当前，大学生进行的职业训练较少，即使是职业测评，也只是在 20 世纪 80 年代末才出现，直到 90 年代末才有少部分人开始运用

它为自己的职业设计做参考。职业训练包括职业技能的培训、对自我职业的适应性考核、职业意向的科学测定等。目前，高校组织大学生参与的暑期"三下乡"活动、大学生"青年志愿者"活动、大学生毕业实习活动、大学生校园创业活动等都是职业训练很好的形式。大学生应积极主动地参加有益的职业训练，主动到用人单位和对口单位去实习，或者利用假期到父母或亲戚的单位去实习，在力所能及的情况下到社会兼职，在实践中感受职业生涯规划的重要性，并通过实践的锻炼，更早更多地了解职业，掌握职业技能，正确地制定和调整自己的职业生涯规划。

（四）充分调动一切积极因素，增强践行规划绩效

一个人的动力主要来自自身的激励，当一个人有了远大的、自己愿意为之奋斗的目标以后，即使遇到一些挫折和障碍，也会全力以赴为之努力，可见大学生建立一种自我激励机制是非常重要的。大学生在制定了行动方案后，要有坚强的意志和毅力，不断地勉励自己，持之以恒，加强自我管理，提高自己的主观能动性，把职业规划落到实处。目前，大学生在进行职业生涯规划中普遍存在一种现象，认为只有毕业后才存在职业生涯规划的问题，在校期间轻视构建知识结构与职业生涯规划的关系。现在许多学校已认识到这个问题，采取从低年级开始对学生进行职业生涯规划的教育，很多学生也制定了大学期间的行动方案，比如综合素质要训练哪方面的能力、资格证书要拿几个，这些对大学生职业生涯目标的实现必将起到非常重要的作用。但最重要的是大学生自己必须自觉提高践行职业生涯规划的能力，充分发挥自身的主观能动性，真正将职业规划与实际行动结合起来。